BRIGITTE KOESLING

RAUMSPRACHE

WENN HÄUSER REDEN KÖNNTEN

Buch

Das Buch beschreibt die einzelnen Elemente eines Gebäudes und zeigt Zusammenhänge auf, die jeder aus seinem Alltag kennt, aber in dieser Weise wahrscheinlich noch nicht betrachtet hat. Anhand von Beispielen können Laien ebenso wie Raumplaner erkennen, woran es liegt, wenn sich kein Wohlbefinden einstellt. Und gezielt Veränderungen planen und umsetzen.

Autorin

Brigitte Koesling ist Diplom-Ingenieurin für Innenarchitektur FH und Feng Shui Beraterin und lebt und arbeitet in Hamburg.
www.InnenLebensArchitektur.de

Bilder: Brigitte Koesling
Idee Covergestaltung: Stefanie Spinty

Bibliografische Information der Deutschen Nationalbibliothek:
Die Deutsche Nationalbibliothek verzeichnet diese Publikation in der Deutschen Nationalbibliografie; detaillierte bibliografische Daten sind im Internet über http://dnb.dnb.de abrufbar.

Satz, Umschlaggestaltung, Herstellung und Verlag:
BoD – Books on Demand, Norderstedt

ISBN: 978-3-7481-2321-7

Inhalt

Vorbemerkungen: Gebäude bringen eine innere Haltung zum Ausdruck

Im Film *Sneakers – Die Lautlosen* suchen Robert Redford und seine Mitstreiter einen Dekodierkasten und stoßen bei ihren Recherchen auf ein Gebäude, in dem angeblich Spielzeug hergestellt wird. Nach einem Blick auf das Gebäude und seine Umgebung sagt Redford: „Spielzeugfabrik – von wegen! Das ist ein Laserzaun. Das Gelände ist mit Hochspannung gesichert. *Das ganze Gebäude sagt: Verschwinde!*"

Instinktiv erfassen wir die Aussage eines Gebäudes, doch nur selten drücken wir diese Erkenntnis so deutlich aus wie Redford im Film. Und doch gibt es so etwas wie ein instinktives Verstehen von Architektur. Wir erfassen Gebäude und Räume, unsere gesamte Umwelt, ohne darüber nachzudenken und unseren Intellekt zu Rate zu ziehen.

Ein Haus beispielsweise, das sich nach außen hin abschottet wie im obigen Beispiel des Films, zeigt dies auf allen Ebenen. Die Anfahrt zum Gebäude ist dann lang, das Gebäude durch Büsche und Bäume den Blicken verborgen, es gibt hohe und eventuell auch elektrisch geladene Zäune, die jeden ungebetenen Gast abhalten sowie Kameras, die die Umgebung und Gäste beobachten. Ein Gebäude dieser Art wird wenige Öffnungen besitzen und höchstmöglich verschlossen sein. Die wenigen Türen und Fenster, die vorhanden sind, werden entweder klein oder aber verspiegelt sein, und es wird einen zentralen und damit gut zu kontrollierenden Eingang geben. Das Gebäude wird auf allen Ebenen zeigen, dass hier Jemand im Verborgenen agieren, sich zumindest jedoch nicht zeigen will. Schauen Sie sich nur einmal das Gebäude der NSA in Amerika an und denken Sie an die Erkenntnisse der letzten Zeit.

Dabei werden nicht alle aufgezählten Aspekte von uns immer bewusst wahrgenommen, wie jetzt gerade, wo Sie über das Gesagte nachdenken. Ihr Unterbewusstsein aber reagiert direkt und ohne nachdenken zu müssen, auf die tatsächlichen Gegebenheiten.

Und dies ist der wesentliche Punkt bei jedem Raum: Empfindung und Gestalt gehen Hand in Hand. Das äußere Erscheinungsbild eines Gebäudes und unser Erleben bedingen sich. Zuerst ist ein Impuls da, im obigen Beispiel: „Ich will nicht jeden in meine Karten schauen lassen" und dann wird dieser Impuls in Form von Architektur in die Materie gebracht, in der oben beschriebenen Weise. Das Gebäude wiederum bedingt das Leben der im Haus befindlichen Menschen, die in diesem Fall von sich aus nicht offen auf andere Menschen zugehen werden – ein perpetuum mobile (oder Teufelskreis, je nachdem, wie die Situation empfunden wird).

Sprache ist eines der wesentlichen Dinge, die uns Menschen von den anderen Lebewesen unseres Planeten unterscheidet. Durch unser Reden teilen wir anderen direkt mit, was wir denken und wollen. Wir senden über unser Sprechen aber auch Befindlichkeiten und tiefer gehende, uns meist unbewusste Inhalte mit. *Mir sitzt es im Genick* sagt auf der vordergründigen Ebene aus, dass man eine Verspannung im Nacken hat. Gleichzeitig kennen wir den Ausdruck aber auch für den Umstand, dass uns etwas bedrückt, vielleicht ist dies eine eilige Terminsache oder ein Versprechen, das wir jemandem gegeben haben.

Ein Pokerface machen oder haben bedeutet, dass sich einer nicht in die Karten schauen lässt. Pokerspieler haben oft dunkle

Brillen auf, um ihre Augen zu verdecken, die innere Regungen verraten könnten. Ebenso wirken verspiegelte Brillen. Man will seine inneren Regungen nicht verraten und unbeteiligt und cool wirken. Wie sonst wären verspiegelte Brillen bei jungen Menschen in der Discothek zu erklären? In der Architektur werden verspiegelte Glasfassaden immer wieder gerne eingesetzt. Das wohl bekannteste deutsche Gebäude dieser Art sind die Zwillingstürme der Deutschen Bank in Frankfurt am Main. Komplett verspiegelt, stehen sie unter anderem für die Stärke der deutschen Wirtschaft.

Bei ihrem Bau zu Anfang der 1980er Jahre zählten sie zu den bis dato höchsten Türmen der Stadt. Sie überragten ebenso stolz wie arrogant ihre aus Gründerzeithäusern bestehende Umgebung und passten sich nicht an, sondern stachen aus ihrem Umfeld heraus. Alle und alles spiegelte sich in der Fassade der *Deutschen Bank*. Entsprechend stolz waren die Deutschen auf das Geldhaus, das *ihren* Namen trug. Heute, nach der Finanzkrise und diversen Skandalen sowohl der Führungsebene als auch im Verhalten der Bank, zeigt sich die andere, oben angesprochene Ebene: die Zocker innerhalb der Bank waren hinter der verspiegelten Fassade versteckt. Heute rücken vermehrt die Arroganz und das unethische Verhalten der Bank und Banker im Allgemeinen in den Vordergrund.

Wie Sie sehen, macht ein Gebäude gleichzeitig eine Aussage nach außen als auch nach innen. Es wirkt ebenso auf das Verhalten der Menschen, die es von außen betrachten als auch auf diejenigen, die im Gebäude wohnen und arbeiten. Durch die Betrachtung von Bauwerken lässt sich mancherlei über die Vorstellungen und Absichten der Menschen erkennen, die darin leben. Gleichzeitig lassen sich dort Verbesserungen bewirken, wo Menschen Beeinträchtigungen erleben, da sich am Gebäude (Außen und Innen) deutlich benennen lässt, woher die Schwierigkeiten resultieren.

Da Bauraum stetig teurer wird, müssen die Menschen heute enger zusammenleben und dies hat Auswirkung auf das tägliche Miteinander. Gebäude werden heute stärker nach technischen sowie finanziellen Gesichtspunkten gebaut anstatt menschliche Bedürfnisse in den Fokus zu rücken. So entstehen Spannungen sowie Überlastung und als Folge benehmen sich die Menschen zunehmend rücksichtsloser. Stockt der Fluss in einem Gebäude, weil die Räume falsche Dimensionen haben und ungünstig angeordnet sind, berührt dies Bewohner und Nutzer immerzu, in jeder Minute und raubt ihnen Kraft. Heute wird beim Bauprozess so sehr auf das Äußere geschaut, dass die Absicht, wofür das Gebäude eigentlich errichtet wird, in den Hintergrund tritt. Aber schon in der Bibel steht, dass Gott dem Adam Leben einhauchte. Erst damit begann das menschliche Leben. Ohne einen Impuls gibt es keine Aktion, kein Ergebnis. Häuser werden heute oftmals mit weniger innerer Anteilnahme geplant als der Kauf eines Autos geschieht. So fehlt ihnen dann der lebenswichtige Odem. Und gegenwärtig sind sich weder Geldgeber noch Planer und leider auch nicht Bewohner und Nutzer darüber im Klaren, wie wichtig dieser erste Schritt ist. Fehlt er, entsteht eine Lücke, die immer zu spüren sein wird. Die darüber liegenden Schichten, beispielsweise eine ansprechende Gestaltung, werden die Kluft abmildern, die Lücke jedoch nie ganz schließen können, so dass sie immer wirksam sein wird.

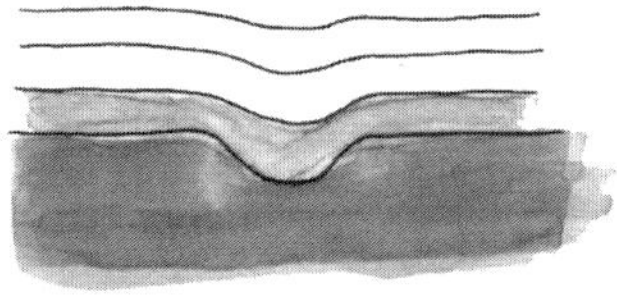

Lücke mit Deckschichten

Es ist entsprechend wichtig, sich von Anfang an Gedanken darüber zu machen, was man mit einem Gebäude bewirken will, welche Atmosphäre man ihm mitgeben will.

Fehlt dieser impulsgebende Faktor, beispielsweise bei der Planung und beim Bau, erhält das Gebäude einen Charakter oder Ausdruck, der unter Umständen verworren und unklar auf die Menschen wirkt. Diese werden wiederum mit einer wenig fokussierten Haltung ihrer Arbeit nachgehen oder auf ihre Umgebung in irritierender Weise reagieren. Arbeitsergebnis und Atmosphäre werden dann zumeist nicht das Ergebnis bringen, was angestrebt wird, beispielsweise beruflichen Aufstieg oder gute Resultate. Ebenso wird das Arbeitsklima nicht durchgehend angenehm sein und die Arbeitenden werden unter Spannungen untereinander oder zwischen Führung und Angestellten leiden.

Ein Haus, das ohne Sinn, also ohne eine mittelbare Absicht geplant und gebaut wurde, enthält so oftmals Ansammlungen von unterschiedlichen Funktionen, die nicht zueinander passen. Widersprechen sich diese dann noch, verläuft das Leben und Arbeiten entsprechend, nämlich zwei Schritte vor, einer zurück. Man kann sich leicht vorstellen, wie das Leben der Bewohner oder Nutzer dadurch erschwert wird. Den meisten Planenden ist die Tiefe dieser Verantwortung bei der Planung nicht (mehr) bewusst, die Bewohner jedoch müssen mit den Gegebenheiten noch jahrzehntelang auskommen.

„Sage mir, wie du baust und ich sage dir, wer du bist.“, dieses Zitat stammt von Christian Morgenstern. Anhand unserer gebauten Realität, also unserer Häuser und Wohnungen, lassen sich viele Erkenntnisse ablesen, wie die dort wohnenden und arbeitenden Menschen sich fühlen und warum sie in einer bestimmten Art und Weise leben und agieren.

In allen Kulturen, die ländlich strukturiert oder nicht industrialisiert sind, lässt sich noch erkennen, dass in früheren Zeiten die Menschen Leben und Arbeiten nicht getrennt erlebt haben, wie wir Menschen der westlichen Welt es heute erleben. Die Häuser sind zumeist eingeschossig, oben findet das familiäre Leben statt und unten befindet sich das Geschäft, von dem sie leben. Familie und Arbeit stehen noch in direktem Zusammenhang, die familiäre Bindung aber auch Bedeutung ist eminent wichtiger als in unserem westlich-industrialisierten Alltag. Bei uns sind Arbeitsplatz und Wohnumfeld in den meisten Fällen deutlich voneinander getrennt. Wir individualisieren uns mehr und mehr, so dass es auch nicht verwunderlich ist, wenn in einer Großstadt wie Hamburg mittlerweile um die 30% aller Haushalte Single-Haushalte sind, also nur von einer Person bewohnt werden. Da man hierdurch nicht mehr wie früher als Teil einer Familie oder Sippe wahrgenommen wird, ist auch die Selbstdarstellung beziehungsweise Selbstinszenierung wichtiger denn je geworden. Der *gute Name*, der einstmals etwas galt oder die Zugehörigkeit zu einer Sippe waren früher wie eine Empfehlung, man war Teil eines größeren Ganzen. Heute regiert Geld die Welt, nur der Hochadel oder große Dynastien können in manchen Fällen noch von ihrem Namen leben. Besitzt man aber keine Rückendeckung durch eine Familie oder Sippe mehr, muss man seinen Stand auf andere Art festigen. Hier kommen heute einerseits Architekten zum Zuge, die mit spektakulären Bauten den eigenen Ruhm mehren und gleichzeitig den Geldgeber oder Bewohner davon profitieren lassen. Man lebt sozusagen vom Namen anderer. Oder es werden von Bauträgergesellschaften Gebäude entworfen und hochgezogen, die lediglich einen schönen (An-) Schein bieten, im Inneren aber schlichte

Hausmannskost sind. Beiden ist gemeinsam, dass die Fassade wichtiger ist als das eigentliche Leben hinter dieser. Es wird von außen geplant und entworfen. Wie es dahinter, also innen aussieht, wird zumeist ausgeblendet. Dort finden sich dann Situationen, die die dort lebenden Menschen vor echte Herausforderungen stellen und in schwierige Situationen bringen. Unmöblierbare Zimmer, zu offene oder zu dunkle Räume und ein zu enges Aufeinanderhocken bringen die Menschen an den Rand ihrer Kräfte und Möglichkeiten. Kosten und technische Gewährleistungsanforderungen bestimmen heute, was gebaut wird, anstatt dass überlegt wird, wie sich das Gebaute auf das Leben der Menschen in den nächsten 50 Jahren auswirken wird. Plattitüden und schöne Worthülsen ersticken berechtigte Kritik. Und wie sich das Leben in den Jahren nach der Erstellung entwickelt, bekommen die Verantwortlichen nur selten mit.

Betrachtet man, was in den letzten Jahren an Neubauten in Deutschland gebaut wurde, kann man deutliche Rückschlüsse auf den Zustand der Gesellschaft ziehen.

Es werden heute im Mehrfamilienhausbau fast ausschließlich rechteckige Blöcke ohne Schnörkel oder besondere Details gebaut. Diese besitzen nahezu durchgehend bodentiefe Fenster, eine Putzfassade sowie Balkone mit senkrechten Gitterstäben. Farblich bewegen sich diese Gebäude zwischen weiß und anthrazit mit viel silberfarbenem Metall. Da dies im eigentlichen Sinn keine Farben sind, wirken die Gebäude entsprechend *farblos*. Dies fällt den meisten Menschen schon nicht mehr auf, da der Mainstream mittlerweile zum Kult erhoben wurde. Als individuell zählt oft schon, wenn die Farbe der Brille, die Hülle des Smartphones anders als beim Mitmenschen ist oder eben die Fenster und Balkone anders angeordnet sind als beim Nachbarn. Buchsbaum und Bambus sind die vorherrschenden Pflanzen, die man an diesen Gebäuden sieht, sowohl vor dem Haus als auch auf Balkonen und Terrassen. Beides sind anspruchslose Pflanzen. Bambus ist schnell wachsend und alles verdrängend, dabei sowohl biegsam als auch fest, so dass es die ideale Überlebenspflanze ist. Buchsbaum wächst langsam und bildet dabei dichtes Laubwerk aus, das sich dekorativ in jede Form schneiden lässt. Beide kommen auch alleine, als Einzelstück gut zur Geltung, werden jedoch niemals alleine anzutreffen sein. Häufig dienen beide als Basisbepflanzung für Hecken und Grundstücksecken. Sie gedeihen ohne große Pflege, zeigen wenig Individualität und wenn, dann übersteigert in Form von gedrehten, aufwändig hergestellten Formen. Sie stellen zudem eine Monokultur dar. Von daher passen sie gut zu den Gebäuden und Bewohnern, die individuell sein möchten, zumeist jedoch Trends nachahmen und wenig eigenen Ausdruck zeigen. Die entsprechenden Menschen benehmen sich häufig rücksichtslos ihrer Umwelt gegenüber, indem sie ungehemmt und lautstark leben und handeln und damit die Grenzen anderer überschreiten (Bambus), ohne dass sie sich dieses Verhaltens bewusst wären oder sie blenden stoisch alles aus, was Leben ausmacht (Buchs). Aufgrund der Überzeugung, etwas Besonderes und Herausragendes zu sein, benehmen sie sich unachtsam der Nachbarschaft gegenüber. Dieser Zustand lässt sich gut in gentrifizierten Gegenden beobachten, wo mit den neuen Bauten zahlungskräftige Menschen auf alteingesessene Nachbarschaften stoßen und deren Achtsamkeit im Umgang mit den Nachbarn für Schwäche halten und ausnutzen.

Gentrifizierung:

In Gebieten (meist innerstädtisch liegend) mit niedrigen Mieten und meist verfallender und alter Bausubstanz sammeln sich zu der bestehenden meist statusniedrigen Bevölkerung Künstler, Studenten und Subkultur an, die das Viertel durch kulturelle Aktivitäten und Improvisationstalente aufwerten. Dadurch werden weitere Interessenten angezogen, die Gegend wird attraktiver und somit interessant für Investoren. Häuser und Wohnungen werden aufgekauft und modernisiert, Mieten und Preise steigen. Finanziell Schwache werden von statushöheren Bevölkerungsschichten verdrängt und Charakter und Struktur des Viertels ändern sich (nach Wikipedia).

Grundrisse weisen heutzutage oftmals loftähnliche, ineinander übergehende Räume in den allgemein zugänglichen Bereichen auf, wie beispielsweise in Küche, Wohn- und Esszimmer. Die offenen Wohnräume wollen großzügig wirken und beanspruchen deshalb viel Raum von der Gesamtfläche. So bleibt für den Rest der Wohnung nicht viel Platz übrig. Die restlichen Räume besitzen denn auch kaum nennenswerte Größe und sind durch ihre schlauchähnliche Form sowie Türen und Fenster, die sich gegenüber liegen, unmöblierbar. Sowohl bei der Fassade im Außen als auch den loftähnlichen Bereichen im Innen wird stärkere Betonung auf die Wirkung gelegt als auf sinnhaftes Gestalten. Gleichzeitig soll alles rationalisiert und günstig sein und diese Einstellung findet sich in den kleinteiligen Räumen wieder.

Die gepflegten Fassaden dieser neuen Hausblöcke suggerieren zunächst Hochwertigkeit, Stil und gehobenes Wohnen. Bis dato kannte man dies aus herrschaftlichen Häusern, Villen oder etagengroßen Altbauwohnungen: große Räume mit durchgehenden Bodenbelägen und viel Helligkeit innen werden allgemein mit Großzügigkeit und Reichtum verbunden. Entsprechend werden diese neuen Wohnungen und Gebäude erstklassig vermarktet! Auf welchem Bauschild steht nicht „individuelle Grundrisse“ oder „hochwertige Ausstattung“? Es wird von „Charme“ und „Geborgenheit“ geschrieben und dabei realistisch anmutende Computeranimationen mit viel Grün und Exklusivität gezeigt. Hochspannungsleitungen, Bundesstraßen oder Bushaltestellen werden nicht gezeigt, dafür aber traumhafte Blicke versprochen.

So zeigen diese Gebäude das Dilemma, in dem sich unsere Gesellschaft und (westliche) Welt bewegt: es wird viel Geld ausgegeben für die Fassade und das Marketing. Das Außenbild erscheint perfekt, man hebt sich ab und sticht (vermeintlich) aus der Masse heraus. Aber wie beim Turmbau zu Babel, beim dem die Menschen mehr wollten als gut für sie war, gibt es auch hier einen Haken. Die erhoffte und angepriesene Wertigkeit stellt sich oftmals nicht ein, da Menschen anders reagieren als geduldige Schilder. Innen ist es oft nicht weit her mit der Individualität. Die Wohnungen sind zumeist homogen mit Designermöbeln eingerichtet. Diese sehen schön aus, wirken aber leblos, da die Bewohner vorwiegend auf Achse im Außen sind und die Räume und Möbel entsprechend kaum genutzt werden. Ein anderes Mal richten sich die Bewohner gemäß ihrem Geschmack und Lebensstil *lebendig* ein, so dass schon mal Dinge ungeordnet herumliegen, Krümel zu sehen und Kissen nicht aufgeschüttelt sind. Dann herrscht Leben, das jedoch schlecht zu dem perfekten Ambiente des Äußeren passt. Schöner Wohnen Mentalität sowie Perfektion gehen nun einmal selten mit aktivem geräuschvollem Leben einher. In diesem Spannungsfeld zwischen Anspruch außen und Inhalt innen bewegen wir uns heute in allen Bereichen. Und unsere gebaute Umwelt zeigt uns dies.

Im Bereich der Einfamilienhäuser erscheint die Lage zunächst besser. Es gibt mittlerweile so viele unterschiedliche Haustypen, die, so scheint es, überall gebaut werden dürfen, dass man versucht ist, von Individualität zu sprechen. Und ähnlich wie im Mehrfamilienhausbau gibt es natürlich auch hier wohltuende Ausnahmen, die tatsächlich individuell und durchdacht sowie für den Menschen geplant wurden. Doch das Gros der Einfamilienhäuser ist so individuell wie ein VW Golf. Ein zuverlässiges und beliebtes Auto, allerdings auch mit wenig Esprit (die Fans mögen es mir verzeihen). Von außen mögen sich die Häuser in Material und Farbe unterscheiden, im Grundriss jedoch zeigen sie eine Gleichförmigkeit, die ernüchternd ist. Wenn Sie erst einmal mehrere Grundrisse von Einfamilienhäusern studiert haben, werden Sie wissen, was ich meine.

Es scheint, als ob der Verordnungswahn und die technischen Anforderungen sowie immensen Kosten so viel Kraft von den angehenden Bauherren abfordern, dass diese kaum noch Energie haben, um eine wirklich individuell auf ihre Situation abgestimmte Planung überhaupt noch für möglich zu halten. Wie oft wird nicht mit Verweis auf die Kosten auf sinnvolle Strukturen und Details verzichtet. Die Gruppe der Fachleute ist groß, die stets alles mit finanziellen und technischen Begründungen ablehnen, was jenseits der Norm liegt. Es scheint heute nicht mehr selbstverständlich zu sein, dass Technik und

Finanzen sich im Rahmen bewegen müssen, dabei aber einer Idee dienen sollen, nämlich der des Hauses und der Bewohner! Es ist wie beim *Zauberlehrling*, der Diener hat sich zum Meister aufgeschwungen. Wie oft wird heute Lichtplanung dem Elektriker überlassen oder eine funktionierende Grundrissgestaltung dem Bauingenieur oder gar Maurer? Architektur hat selbstverständlich einen nicht zu vernachlässigenswerten funktionalen Charakter. Vor allen Dingen jedoch muss sie wieder eine Aussage, eine Intention über das profane Funktionieren hinaus bekommen.

Zum Glück gibt es durchaus wohltuende Ausnahmen, nämlich dort, wo Menschen es schaffen, ein nicht nur äußerlich ansprechendes und wohltuendes Ambiente zu schaffen, sondern dieses auch mit Leben zu füllen. Ein wohliges Gefühl von Harmonie überkommt einen in einer solchen Umgebung und man wünscht sich, ebenfalls so zu leben. Und dies unabhängig davon, ob der Gestaltungsstil einen anspricht oder nicht. Dieses Gefühl kann jedoch nur dort aufkommen, wo Raum und Mensch sich im Einklang befinden und auf einer Wellenlänge schwingen. Zumeist wissen die Menschen dort jedoch auch ihr Umfeld wertzuschätzen, gleichgültig, wie hochwertig und teuer die Dinge sind. Diesen Menschen ist vor allem bewusst, was sie wollen. Sie haben ein inneres Bild vor Augen und sind bereit, den *entsprechenden* Preis zu bezahlen. Dieser muss nicht immer in Geld bemessen sein. Wer sich Zeit lässt und aus dem eigenen Inneren heraus sein Haus oder seine Wohnung plant, investiert viel an Kraft und Mühe sowie Zeit. Der Lohn ist ein Ambiente, das jeder als angenehm und stimmig empfindet, eben weil es zu den Bewohnern passt.

Wer ein „gebrauchtes" Einfamilienhaus kauft, plant in den meisten Fällen Änderungen. Zum einen, weil sich über die

Zeit der allgemeine wie eigene Geschmack, vor allem aber die Lebensführung und Einstellung zu vielen Themen gewandelt haben. Zum anderen, weil auch die technischen Gegebenheiten sich geändert und oftmals verbessert haben. Vor allem aber implementiert man damit die neue Ausrichtung, die das Haus mit dem Eigentümerwechsel erhalten soll. Man reißt das Alte heraus als Akt der Befreiung und zerstört damit alte Muster und Pfade. Je mehr man mit dem bisherigen Stand verbunden war, beispielsweise bei Kauf des elterlichen Hauses, desto stärker fallen oftmals die Veränderungen und Umbauten aus. Man zeigt auf diese Art den eigenen Stand im Leben.

Bei all diesen Überlegungen geht es letztlich eben nicht zuerst und alleinig um Geld, sondern um die Energie, die dahintersteht. Es geht um Bewusstheit und Wertschätzung für das, was man ist und hat. Und für das, was einen umgibt. Billig oder teuer – die Wertung fängt nicht zuletzt auch im Kopf an.

Um eine Atmosphäre schaffen zu können, die zu einem selbst passt, in der man sich wohlfühlt und die einem Energie gibt, das alltägliche Leben zu bewältigen und zu genießen, benötigt man Informationen, in welcher Art Bauten wirken. Im folgenden Kapitel werden daher die einzelnen Elemente eines Gebäudes beleuchtet und ihre Wirkung beschrieben. So haben Sie die Möglichkeit, Ihr Umfeld selber zu erforschen.

Die einzelnen Gebäudeteile als Puzzle betrachtet

Um eine Situation einschätzen zu können, sollte man möglichst einen guten Überblick über das Gesamtbild haben. Man kann sich das wie ein Puzzle vorstellen: erst wenn alle Teile an ihrem richtigen Platz sind, zeigt sich das angestrebte Bild. Dabei gibt es relevante Teile, die für das Bild von eminenter Wichtigkeit sind und solche, die das Bild zur Komplettierung braucht, die aber nicht bildbestimmend sind. Stellen Sie sich ein Puzzle mit dem Konterfei der Mona Lisa vor: sollte hier ein Teil vom Rand nicht vorhanden sein, wird es das berühmte Lächeln der Dame nicht schmälern. Fehlt hingegen ein Puzzleteil mit Fragmenten des Mundes oder der Augen, ist das gesamte Bild entstellt und wertlos.

Um sich also ein möglichst klares Bild von der Wohn- oder Arbeitssituation machen zu können, ist es wichtig, sich alle Gegebenheiten anzuschauen und zu bewerten.

Dabei geht es nicht um eine Beurteilung, da diese nicht sachdienlich ist. Was für den einen gut ist, mag für einen anderen hinderlich sein. Wiederum kann eine Situation unglücklich erscheinen und dennoch eine positive Wirkung entfalten. Dann nämlich, wenn der Mensch die Erkenntnis annimmt, die diese Lernaufgabe ihm bietet und daraus lernt. Beurteilen hindert also. Be*wert*en hingegen ist überlebensnotwendig. Besonders in unserer heutigen mit Dingen und Informationen überfrachteten Welt.

Wer die ihn umgebenden Dinge nicht auf ihren Wert für sich hin überprüft, vergibt die Chance auf ein einmaliges und erlebnisreiches Leben. Wenn man nicht wertet, also überprüft, ob man etwas noch benötigt, hält man an zu vielem fest, behält zu viele Dinge und verstellt sich dringend nötigen Freiraum für Neues. Im realen Wohnumfeld wie im geistigen Erlebensbereich. Messietum entsteht, wenn der Mensch innerlich wie äußerlich überlastet ist. Er überprüft dann nicht mehr, ob die Dinge, mit denen er sich umgibt, für ihn wirklich noch von Nutzen und Bedeutung sind. Ab und an mal eine Aufräum- und Wegschmeißsession einzulegen, ist sinnvoll und notwendig. *Notwendig* im Sinne von *Not* abzu*wenden.*

Übrigens auch die Bewertung, wieviel Information und Technik für uns persönlich sinnvoll ist. Ein Umdenken fängt mittlerweile auch schon an, nachdem jahrelang alles als Fortschritt und Flexibilität gepriesen wurde, was es an neuen technischen Sachen gab. Inzwischen entdecken viele Menschen, dass man nicht immer und überall erreichbar sein muss. Besonders jene, die mit den typischen Zivilisationskrankheiten wie Tinnitus und Burn-Out persönlich konfrontiert wurden. Jeder von uns ist ersetzbar, wenn auch nicht von seiner Einzigartigkeit her.

In diesem Sinne ist auch jede Betrachtung einer Raumsituation zu sehen. Sie ist ebenso einmalig wie der Mensch, der darin lebt. Und wie beim oben angesprochenen Puzzle gibt es Aspekte der Wohn- und Arbeitssituation, die schwerer ins Gewicht fallen und solche, die zu vernachlässigen sind. Betrachtet man eine Wohnsituation unter diesen Gesichtspunkten und kann die Dinge deuten, erlebt man den Raum intensiver und so, wie ihn auch die Bewohner erleben. In Maßen können wir das alle, oftmals fehlt uns sehr spezialisierten Menschen der Gegenwart lediglich das Wissen und die Bereitschaft, Dinge langsam kennenzulernen und zu entdecken. Eine indianische Weisheit besagt: "Großer Geist, bewahre mich davor, über einen Menschen zu urteilen, ehe ich nicht eine Meile in seinen Mokassins gegangen bin."

Bauformen und wie sie wirken

Häuser werden durch viele Aspekte definiert. Beispielsweise bestimmen die Lage des Hauses, der Eingang oder die Lage der Wohnungen innerhalb eines Hauses wie sich in ihm leben lässt. Auch Fenster, Materialien und Dächer sowie noch viele andere Aspekte stellen jeweils Puzzleteile dar.

Am Beispiel von Mehrfamilienhäusern lässt sich dies gut veranschaulichen. Wer in einer Großstadt lebt und nicht nur zum Schlafen nach Hause kommt, lernt seine Nachbarn mehr oder minder gut kennen. Und weiß so, dass man den Nachbarn des einen Hauses besser aus dem Weg geht, wenn man es eilig hat, weil diese immer gerne zu einem längeren Pläuschchen aufgelegt sind. Den Nachbarn des anderen Hauses traut man nicht so recht über den Weg. Ein anderes Haus wiederum besitzt eine so ausgeprägt angenehme Gemeinschaft und weist fröhliche Balkone mit gemütlichem Ambiente auf, dass man sich schon oft gewünscht hat, hier zu wohnen. Jeder hatte schon solche Empfindungen, ohne dass er dem größere Bedeutung beigemessen hätte.

Ein Haus, das weiter vorne an der Straße liegt als ein zurückliegendes Nachbarhaus, wird allein schon durch diesen Umstand unterschiedliche Menschen anziehen. Vorne in der Reihe, vor anderen zu stehen, hat seine Bedeutung und zieht den einen Menschen an, während es einen anderen sich unbehaglich fühlen lässt.

Ein Eingang mit einem Oberlicht über der Tür bietet wiederum eine andere Ansicht als einer, der nur die vorgeschriebene Durchgangshöhe vorweist. Im einen Fall hat man Raum, über sich selbst hinaus zu schauen, im anderen Fall hat man das Gefühl, den Kopf einziehen zu müssen beim Durchschreiten der

Tür. Oder man fühlt sich im einen Fall unbehaglich im luftigen Raum und beschützt im anderen Fall. Auch hier entscheidet die Persönlichkeit darüber wie man empfindet. Zu manchen Häusern muss man emporgucken und Stufen hinaufgehen. Andere besitzen nicht mal eine ganze Stufe und so stolpern die darin wohnenden Menschen durchs Leben.

Wenn Sie einmal beobachten, wer alles in einem Haus übereinander wohnt, werden Sie Ähnlichkeiten jenseits von Äußerlichkeiten entdecken. Menschen, die in Wohnungen übereinander wohnen, besitzen nämlich zumeist den gleichen Grundriss. Damit betreten sie ihren Wohnraum durch die gleiche Eingangssituation und haben sich häufig die gleichen Räume zum Schlafen oder Wohnen ausgesucht und auch ähnlich möbliert. Es lassen sich bei Bewohnern gleicher Wohnungen immer Ähnlichkeiten im Verhalten erkennen. So treffen sich gerne in einem Hausaufgang Menschen mit ähnlichen Mustern wieder. Lehrer, Ärzte und Polizisten beispielsweise sind Menschen, die es in ihrem beruflichen Alltag gewohnt sind, Gruppen anzuführen, Entscheidungen teilweise alleine zu treffen und allgemein vorzugeben, was getan werden muss oder darf. Jeder weiß genau, wie das (Gemeinschafts-) Leben, damit es reibungslos laufen kann, abzulaufen hat – und verrät dies seinen Nachbarn auch immer wieder gerne. Wundert sich allerdings über die Beharrlichkeit der Mitbewohner, die in seinen Augen von ihrer eigenen Meinung übermäßig eingenommen sind. Dies passiert, weil sie alle in ihrem Fachgebiet oftmals den Ton angeben und dabei übersehen, dass ihr Themenbereich, obwohl er sich sehr nah am Alltag orientiert, seine Grenzen hat. Auch hartnäckige Falschparker wohnen immer wieder gerne in einem Haus in übereinanderliegenden Wohnungen. Andere Häuser sind eventuell eher offen gestaltet und in ihnen findet man Bewohner mit dem Motto „leben und leben lassen".

Friesenhaus

Genauso ähneln sich natürlich auch die Bewohner von Einfamilienhäusern, beispielsweise sind die Bewohner von Friesenhäusern anders in ihrem Verhalten und ihrer Einstellung zum Leben als Bewohner eines Holzblockhauses oder eines Hauses mit Flachdach. Das typische Friesenhaus stand im flachen Land, nahe der Küste und wurde durch ständigen Wind und schnell wechselndes Wetter geprägt. Es ist kompakt gebaut, verklinkert und als spitzes Satteldach ohne Dachüberstand ausgeformt. So können Wind und Regen nicht unter das Dach greifen und es abdecken und die Hauswände bieten größtmöglichen Widerstand gegen die Kräfte der Natur. In den alpinen Gegenden ist Schnee ein größeres Problem als Wind, so dass die dortigen Dächer flacher ausfallen und das typische Walmdach früherer Landhäuser aufweisen. Der Schnee bleibt erst einmal liegen und die weiten Dachüberstände verhindern, dass der Schnee direkt an der Hauswand abgeht. Balkone und Loggien sowie

Erker und Vorsprünge prägen diesen Haustyp ebenso wie der überwiegende Gebrauch von Holz, sei es als Wandverkleidung, als Balkonbrüstung oder Dachschindel. Holz als grundlegendster Werkstoff kommt denn auch direkt aus der näheren Umgebung. Man kann sich leicht vorstellen, dass solch unterschiedliche Häuser wie Friesenhaus und bayrisches Holzhaus auch andersgeartete Empfindungen auslösen. Entsprechend suchen sich Menschen einen Haustyp aus, der ihnen am ehesten entspricht. Ähnlich verhält es sich ja bei vielen Menschen mit ihren Urlaubszielen: manche fahren vornehmlich in nördliche Länder, andere zieht es stets in den Süden. Wer unberührte Natur, rauhes Klima und eher intellektuelle Kulturangebote sucht, fährt meist lieber gen Norden. Andere können nicht ohne Wärme und Sonne, lieben geräuschvolles enges Treiben sowie Kultur, die mit einem Espresso in der Hand genossen wird. Jeder Jeck ist anders, wie der Rheinländer sagt. Und Geschmäcker sind nun einmal verschieden. Doch sollte es einer Überlegung wert sein, ob wirklich jeder Haustyp zu jeder Zeit und an jedem Ort Sinn macht.

Blockhaus

Um die Bandbreite zu zeigen, die das Thema Wohnen und Bauen umfasst, werden im Folgenden Aspekte erläutert, die zum Puzzle gehören und das Gesamtbild des Wohnens ausmachen.

Größe: Ein Reihenhaus steht selten allein

Die Bandbreite von Häusern reicht vom Einfamilienhaus bis zum Hochhaus. Die Größenverhältnisse wirken entsprechend unterschiedlich, wobei Qualität und Quantität in direktem Zusammenhang stehen.

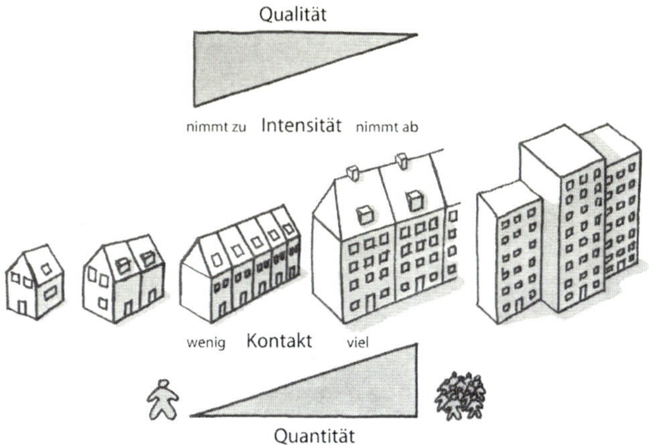

Verhältnis von Qualität und Quantität

Überlegen Sie einmal, wieviele Menschen in einem Hochhaus zusammenleben, sozusagen unter einem Dach, die sich zumeist nicht kennen. Unter dem gleichen Dach wohnt man für

gewöhnlich mit Menschen zusammen, die einem nahe stehen, beispielsweise als Familie. Das Zusammengehörigkeitsgefühl führt auch bei Unstimmigkeiten dazu, dass die Hausgemeinschaft Bestand behält. Nun wohnen im Hochhaus sehr viele sich fremde Menschen unter einem Dach. Sie werden, unter anderem auch für die Außenwelt, so zu einer Gruppe, ohne sich dessen bewusst zu sein oder dieses wirklich angestrebt zu haben. Die meisten erkennen sich nicht einmal, wenn sie auf der Straße aneinander vorübergehen. Wen wundert es, wenn es bei dieser Wohnsituation zu Spannungen kommt. Man hat sich all die anderen Bewohner nicht direkt als Gruppe ausgesucht, findet sich jedoch in dieser Wohnsituation wieder und wird mit ihr in Zusammenhang gebracht, ohne sich über die Folgen in dieser Intensität bewusst zu sein oder sie *ausdrück*lich, also als eigenen Ausdruck, gewählt zu haben.
In einem Mehrfamilienhaus nimmt im Vergleich zum Hochhaus die Anzahl der dort zusammen wohnenden Menschen ab, die Intensität jedoch zu, da die Menschen sich als Nachbarn schon eher wahrnehmen und persönlich kennen. In Reihenhäusern leben immer noch viele Menschen auf engem Raum beieinander, sie sind aber durch die Wohnform gut voneinander zu unterscheiden und damit auch leichter wiederzuerkennen. Im Doppelhaus wohnen nur noch zwei Parteien unter einem Dach, man kennt sich also recht gut und zumeist besteht eine große Nähe. Im Einfamilienhaus wohnt man alleine und hat so größtmöglichen Abstand zu anderen, ist jedoch auch direkt und als Einzelner wahrnehmbar.

Und genau an dieser Stelle wird der Zusammenhang zwischen Außen und Innen, zwischen Gebäude und innerem Erleben deutlich. Nimmt die Quantität, also die Menge an Menschen, ab, steigt entsprechend die Qualität: je weniger

Menschen auf engem Raum zusammenleben, desto höher ist der Grad der Wiedererkennung. Umgekehrt gilt das Gleiche: der Einzelne wird dort nicht mehr wirklich wahrgenommen, wo viele zusammenleben. Dies erklärt, warum in Hochhaussiedlungen so viel Vandalismus und Konflikte sozialer Art entstehen: der Einzelne wird nicht mehr wahrgenommen und gewürdigt. Er fühlt sich hierdurch bedeutungslos und somit nicht mehr verantwortlich für sich, sein Handeln und seine Umgebung. Die Realität zeigt uns genau dieses, da bei Vandalismusschäden selten Jemand zur Verantwortung gezogen werden kann. Im umgekehrten Fall gibt es nirgends so viel Zwietracht und juristische Streitereien wie bei Einfamilien- und Doppelhäusern. Der Grund dafür liegt auf der Hand: der Einzelne wird direkt wahrgenommen und kann zur Verantwortung gezogen werden. Gleichzeitig hat man ein ausgeprägtes Bewusstsein für seine Umgebung und die eigene Wertigkeit. Wird diese nun nach eigener Auffassung nicht ausreichend gewürdigt, die Grenzen nicht eingehalten, fangen die Streitereien an.

Um in größeren Wohneinheiten wie Hochhaussiedlungen den dort herrschenden Vandalismus sowie die Gleichgültigkeit seiner Umgebung gegenüber in den Griff zu bekommen, reicht es oftmals schon, wenn man diese einfachen strukturellen Maßnahmen beachtet und entsprechende Veränderungen herbeiführt. Kleinere räumliche Einheiten beispielsweise sowie die Funktion des guten alten Pförtners helfen, dass der Einzelne sich wieder wahrgenommen fühlt und in Aktion mit seiner Umwelt und den Nachbarn tritt. Kleine Gemeinschaften können entstehen und eine Veränderung des gesamten Umfeldes wird so möglich.

Dach: Gut behütet durchs Leben

Dächer sind der Abschluss eines Hauses nach oben. Sie begrenzen den Raum über uns. Sie geben einem Haus mit ihrer Form nicht nur ein ganz bestimmtes Aussehen, sondern gestalten das Leben dadurch auch auf unterschiedliche Art. Denken Sie beispielsweise wie unterschiedlich ein Sattel- und ein Flachdach auf Sie wirken. Die dreieckige Form des Satteldaches wirkt deutlich entschlossener und aktiver als die ebene Fläche des Flachdachhauses, von der Sie auch wesentlich weniger Ansichtsfläche haben. Ein Flachdachhaus wirkt somit immer zurückhaltender als ein Haus mit einem Satteldach. Innerhalb der Satteldächertypen wirkt das Walmdach als flaches Satteldach wesentlich ruhiger und zurückhaltender als beispielsweise der schmale und hohe Spitzgiebel des Friesenhauses.

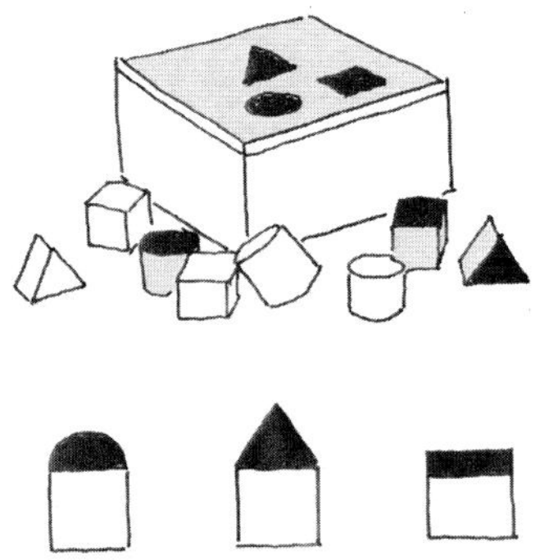

Kinderspielzeug

Denken Sie an die Bauformen, die Sie schon aus Kindertagen kennen: Dreiecke sind spitze Gebilde, die aktiv und auch aggressiv wirken können. Quadrate und Rechtecke sind deutlich ruhiger und zurückhaltender, je nach Ausformung moderner oder gleichförmig-konventionell. Kreise, Tonnen und amorphe Formen sind unruhig, wenig zielgerichtet, aber auch flexibler und innovativer.

Das Leben unter einem Tonnendach beispielsweise stellt seine Bewohner vor außergewöhnliche Herausforderungen, die die Bewohner anderer Dächer in dieser Form nicht kennen. Dazu hilft es zu wissen, dass die Akustik in einer Tonne anderen Gesetzmäßigkeiten folgt als in einem Raum mit schräger oder ebener Fläche.

Tonnendach

Stellen Sie sich einen rechteckigen Raum vor, auf dem ein Tonnengewölbe sitzt. Befinden Sie sich mit einem Gesprächspartner in einer Sitzecke mitten im Raum, müssen Sie sich sehr laut unterhalten, dabei langsam reden und viele Pausen machen, damit sie sich gegenseitig verstehen können und das Gespräch auch eines sein kann, da der Hall hier enorm ist. Befinden Sie sich dagegen an einer der äußeren Ecken des

Raumes und ihr Gesprächspartner befindet sich an der diagonal entgegengesetzten Ecke des Raumes, können Sie sich fast flüsternd unterhalten, obwohl Sie sich räumlich deutlich weiter entfernt voneinander befinden als im erst genannten Fall. Dies kommt durch die Akustik des Raumes zustande.

In der Mitte der Tonne gelangt der Ton direkt nach oben und wird geradewegs zu Ihnen heruntergeworfen. Sie werden förmlich vom eigenen Schall erschlagen und müssen überdeutlich und langsam sprechen und öfters Pausen machen. Diese Form des Redens ist sehr anstrengend. Befinden sich die Gesprächspartner übrigens auf beiden Seiten der Mittellinie ist die Kommunikation ebenfalls anstrengend, weil sich beide kaum hören können, da der Schall ihre Töne vom Gesprächspartner weglenkt. In der Situation, wo sich die Gesprächspartner diagonal entfernt voneinander befinden, wird der Schall dagegen entlang der Tonnenform geleitet und deshalb kann man ohne Mühe über so große Entfernungen miteinander reden. Sie können sich nun bestimmt leicht vorstellen, dass die Kommunikation in einem solchen Haus anderen Gesetzmäßigkeiten folgt als in Häusern mit gebräuchlicheren Dachformen. Damit aber werden die Bewohner vor die Herausforderung gestellt, wie sie sich untereinander, aber auch mit ihrer Umwelt verständigen, die von dieser Spezialität ja nichts ahnt! Missverständnisse werden dabei an der Tagesordnung sein und so manchen unnötig an sich zweifeln lassen, zumindest an dieser Stelle.

Dächer wirken als Bauform beschützend, gleichen sie doch einem Hut oder Unterstand, unter dem man sich, beispielsweise vor Unwetter, in Sicherheit bringt. Je mehr Dachfläche ein Haus aufweist, desto größer ist auch das Gefühl von Geborgenheit, Sicherheit und Schutz. Wobei im Gegensatz zu früheren Zeiten heute nicht mehr vordergründig die Sicherheit

vor Verlust oder Tod gemeint ist. Häuser, die nur aus Dach bestehen, geben dabei er-*sicht*-lich den größten Schutz, ist bei ihnen die Dachlinie doch bis zum Boden heruntergezogen und keine Seite mehr etwaigen Angriffen ausgesetzt.
Auffällig ist der Zusammenhang zwischen viel Dachfläche und Wohlstand. Gerade in Villengegenden werden bevorzugt Häuser mit Mansarddach gebaut. Diese Dachform ist eine Mischung aus Sattel- und Flachdach und sieht wie ein großer eckiger Hut aus. Man erhält durch die kaum vorhandene Schrägung der Wände im Obergeschoss eine fast gleich große Grundfläche wie im Erdgeschoss bei gleichzeitig größerem Schutz. Wie schon erwähnt, wirkt dieses Dach wie ein überdimensionaler Hut, was die Assoziation an die riesigen Hüte der Upper Class in Ascot, England beim Pferderennen erlaubt. Ein Haus mit Mansarddach wirkt in seinem Aussehen denn auch bedeutend massiver und erdiger als ein Flachdachhaus oder ein Haus mit Tonnengewölbe. Beim Mansarddach geht es um Haben und Besitzstandswahrung und diese Haltung lässt wenig Spielraum für Bewegung zu. Genau dies zeigt das Haus im Außen mit seinem allseits kantigen Aussehen.

Mansarddach

Stockwerke: Sind Sie geerdet oder wollen Sie hoch hinaus?

In Häusern mit mehreren Stockwerken bestimmt die Lage der Wohnung zu einem großen Teil, wie man das Leben erfährt. Im Souterrain eines Hauses befindet man sich als Bewohner schon halb in der Erde. Entsprechend wird sich das Leben von geerdet bis schwerfällig gestalten können. Je höher im Stockwerk man kommt, desto leichter und luftiger wird sich das Leben entwickeln. Man besitzt großen Weitblick oder hängt in der Luft und schwebt in den Wolken. Schon an den Beschreibungen erkennt man leicht die Zusammenhänge zwischen Raum und Erleben. Für Jemanden, der voller Ideen steckt, kann das Leben in luftiger Höhe sehr kreativ und agil sein. Es kann hilfreich sein, wenn man Erfinder oder Designer ist. Hat man jedoch Verantwortung dafür zu tragen, Ideen zu realisieren, also in die materielle Gestalt zu bringen, wird einem dies im Wolkenkuckucksheim oben im Penthouse schwerer fallen als wenn man der Erde näher wohnen würde, wie beispielsweise in den ersten Stockwerken. Ein Phlegmatiker wiederum kann im Erdgeschoss entweder zur Ruhe kommen und damit entspannt leben oder aber er wird immer schwerfälliger und kommt irgendwann gar nicht mehr ins Handeln. Für ihn könnte dann das Leben in größerer Höhe hilfreich sein, in Bewegung zu kommen, um Dinge realisieren zu können.

Grundsätzlich stehen die unteren Geschosse, die sich im Erdreich befinden wie Keller und Souterrain für die Vergangenheit und das Unbewusste. Haben Sie also einen Keller, schauen Sie einmal nach, was Sie hier so alles lagern und in welcher Form. Ist es aufgeräumt oder sind die Dinge chaotisch hineingeworfen? Lagern Sie hier Sachen, die Sie tatsächlich noch benutzen oder finden sich hier Dinge, die man ja eventuell noch mal brauchen kann, die man aber einfach nur nicht weggeschmissen hat, weil ...? Finden Sie gesuchte Sachen auf Anhieb oder müssen Sie stundenlang suchen? Im übertragenen Sinne gehen wir auf die gleiche Weise mit unseren unbewussten Inhalten um. Wer sich immer mal wieder mit seinen Erfahrungen und Mustern beschäftigt, kennt sich und seine Reaktionen gut und kann mit Belastungen und Herausforderungen adequat umgehen. Dies würde einem aufgeräumten Keller entsprechen, in dem man relativ schnell die gesuchten Dinge findet. Vermeidet man aber eher alles Unangenehme und geht Auseinandersetzungen stets aus dem Weg, vermeidet man letztlich Entwicklung. Man meint eventuell alles im Griff zu haben, reagiert jedoch lediglich in eingeschränkten Bahnen. Hier würde sich eher ein vollgestellter Keller finden, in den wahllos und ungeordnet alles hineingebracht wird, was im Weg steht und stört.

Das Erdgeschoss und die unteren Geschosse stehen für die Realität, das Jetzt sowie das Bewusstsein. Hier finden sich das Handeln und zielgerichtete Aktionen. Im Erdgeschoss sehen Sie vorbeilaufende Menschen, fahrende Autos, man ist ständig mit Bewegung konfrontiert und kommt weniger zur Ruhe. So mag nicht jeder im Erdgeschoss wohnen. Vielen Menschen ist es zu nah an der Realität, an den

Untergeschoss:
Vergangenheit
Unterbewusstsein

Erdgeschoss:
Gegenwart
Bewusstsein

Obergeschoss:
Zukunft
Überbewusstsein

Mitmenschen und dem aktiven Handeln und Leben. Man ist jedoch auch direkt mit der Erde im Kontakt, kann schnell in das reale Leben gelangen und Durch- und Übergänge können sich fließend gestalten. Im Erdgeschoss sind sie dem Boden so nah und man spricht auch nicht umsonst davon, *sich zu erden*, wenn man zu *abgehoben* geworden ist.

Die oberen Geschosse, der Dachboden sowie das Penthouse stehen für Zukunft, Ziele und Überbewusstsein. Hier geht der Blick in die Weite oder nach oben, also über das Alltägliche hinaus. Wer sich nach jedem Umzug stets in den oberen Geschossen wiederfindet, kann sich fragen, in wieweit er Abstand zum realen und alltäglichen Leben benötigt. Hat man über den Tag beständig mit Menschen zu tun, hilft der Abstand zur Erde, zum Sofort und Jetzt, um die eigenen Reserven wieder aufzutanken. Herrscht eher das Gefühl vor, dass das Leben an einem vorbeirauscht und man nicht seinen Teil davon abbekommt, mag es an der Vermeidung von Aktion und zupackendem Handeln liegen. Eine konkretere Lebensgestaltung mit mehr Zusagen und weniger vagen Aussagen sowie eventuell ein Umzug in Geschosse weiter unten können hilfreich sein.

Haus: Welcher Typ soll es sein?

Der erste Eindruck den wir von Menschen erhalten, prägt unsere Haltung ihnen gegenüber in stärkerem Maße als die meisten auch heute noch ahnen. Man sagt *die ersten 10 Sekunden entscheiden*, ob uns jemand sympathisch ist oder nicht. Genauso prägend ist der erste Eindruck eines Gebäudes für unsere Stimmung und unsere Haltung gegenüber den darin lebenden und arbeitenden Menschen.

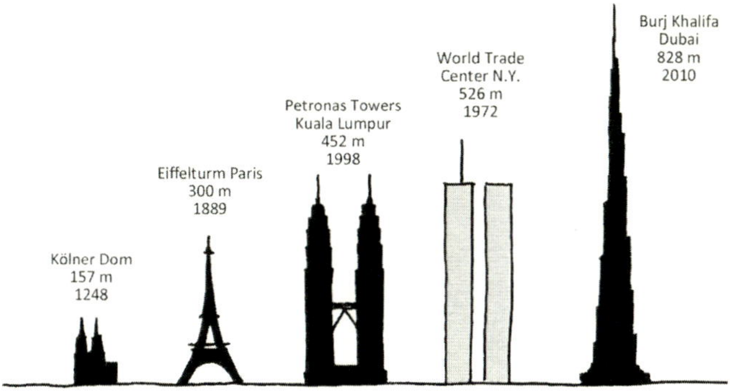

Hohe Gebäude im Vergleich

Denken Sie nur einmal an das zurzeit höchste Gebäude der Welt, den Burj Khalifa in Dubai. Er misst 828 Metern – eine schier unvorstellbare Höhe, neben dem selbst höchste Wolkenkratzer zu Statisten degradiert werden. Ein moderner Turmbau zu Babel für die einen, ein Zeichen des Fortschritts für andere. Unumstritten, ob man dieses Bauwerk nun bewundert oder kritisiert, ist das ungläubige Staunen über die gigantischen Ausmaße. Diese stehen in keinster Weise mehr in einem fassbaren Verhältnis zu unserer normalen menschlichen Wahrnehmung. Aufgrund unserer körperlichen Größe beträgt unser Vergleichsmaß rund zwei Meter. Damit können wir je nach Umfeld und Gewöhnung Höhen bis 200 Meter noch einschätzen. Bewohnern von Metropolen wie Frankfurt am Main oder New York fällt dies selbstverständlich leichter als jenen, die auf dem Land leben, wo die höchste Erhebung der örtliche Kirchturm ist. Aber selbst die hohen Wolkenkratzer unserer Umgebung bieten im Vergleich mit dem Dubaier Turm keinen Anhaltspunkt mehr, um uns dessen Höhe ausmalen zu können. Jetzt stellen Sie sich vor, wie es sich in derartiger Höhe leben und arbeiten lässt. Ein unverstellter Blick ist garantiert. Bodenhaftung wäre hier wohl aber zuviel verlangt.

Neben der schieren Größe eines Gebäudes ist es natürlich in erster Linie wichtig, um was für ein Haus es sich handelt, also ob es um ein Hochhaus, mehrstöckiges Gebäude oder ein kleineres Haus geht. Aber selbstverständlich ist auch die Art des Hauses entscheidend für den ersten Eindruck. So wirken die modernen Hochhäuser mit ihren Glas- und Stahlverkleidungen härter und kälter als beispielsweise Hochhäuser aus Stein wie sie noch Anfang letzten Jahrhunderts üblich waren. Ein Haus aus Holz wiederum vermittelt einen anderen Eindruck als eines aus Stein. So hat jedes Material eine eigene Aussage. Holz ist der weichere Werkstoff, der mit Wärme und Heimeligkeit assoziiert wird, während Stein für Beständigkeit steht. Entsprechend haben wir beim Betrachten des jeweiligen Hauses unterschiedliche Eindrücke. Solche Assoziationen sind den meisten Menschen nicht bewusst, wenn Sie ein Gebäude betrachten, aber unsere Haltung wird genau durch solche Einzelheiten kultiviert.

Einer Dame, die in einem Haus aus Stein lebte, wurde an dieser Stelle bewusst, warum sie sich darin nicht so wohl fühlte wie erhofft, obwohl sie das Haus mit ihrem Mann selbst geplant und erbaut hatte. Sie hatten eigentlich ein Holzhaus bauen wollen, waren aber durch ihr Umfeld zu einem Steinhaus überredet worden. Innerlich wollte sie jedoch noch immer in einem Haus aus Holz wohnen und fühlte und benahm sich entsprechend, stieß aber äußerlich immer wieder anstelle von Holz an Stein. Das Haus kann also noch so schön sein, wenn es dem inneren Bild zuwiderläuft, fehlt eine Komponente und zwar eine *wesen*tliche.

Ebenso spielt auch das Alter eines Hauses eine Rolle. Ein Altbau beispielsweise ruft andere Gefühle beim Betrachter hervor als ein Neubau. Dabei spielt natürlich die Gepflegtheit des Gebäudes eine große Rolle, ob es uns anspricht oder nicht. Vor allem aber prägt die eigene Einstellung unseren Geschmack und damit unser Wohlgefallen oder Missfallen. Der eine favorisiert eher Traditionelles und kommt bei Gesimsen und Ornamenten ins Schwärmen, während ein anderer alles Moderne anziehend findet und die klaren Linien und Schnörkelosigkeit eines Gebäudes preist.

Wir stellen bei der Bewertung eines Gebäudes dieses unbewusst stets in den Kontext unseres eigenen Lebens. Bevorzugen wir eher Stille und Zurückgezogenheit im Leben, werden wir auch ein Haus danach beurteilen. Liegt es also weiter zurück von der Straße und ist mit Büschen verdeckt, kommt es damit unserem Gefühl entgegen. Ein Mensch, der gerne und ausgiebig im Kontakt mit seinen Mitmenschen ist und aktiv an das Leben herangeht, wird so eine Lage als bedrückend empfinden und dementsprechend gänzlich anders bewerten. Wieviel Schutz oder Offenheit ein Mensch benötigt um sich wohlzufühlen, spielt stets mit hinein, welche Raumsituation er angenehm findet oder nicht. Ein Haus im Wald beispielsweise ist durch Bäume vor Blicken geschützt und bietet so mehr Schutz als ein Haus am Hang, das wiederum einen weiten Überblick über die Umgebung bietet, aber auch deutlicher und schneller wahrnehmbar ist. Manch einer liebt die Geborgenheit in bewaldeter Gegend, während es einem anderen im Wald zu eng und dunkel ist und er sich erdrückt fühlt. Dafür liebt er sein Haus in der flachen Ebene, beispielsweise in Norddeutschland, wo man im Gegensatz zu bergigen Gegenden *schon heute sieht, wer morgen zu Besuch kommt …*

Interessant wird es dort, wo viele unterschiedliche Hausformen zusammen kommen, beispielsweise in heutigen Neubaugebieten. Da sieht man schon mal ein Friesenhaus in unmittelbarer Nachbarschaft zu einem Holzhaus im bayrischen Stil. Oder ein modern-kantiges Haus neben einem Landhaus mit Butzenscheiben. Auch die Toskana und Schweden sind hier geographisch nicht weit voneinander entfernt. Die Globalisierung macht eben auch vor der Architektur nicht Halt.

Was früher undenkbar gewesen ist, wird heute möglich. Und spiegelt letztlich den Zustand unserer Gesellschaft wieder, die multi-kulti aber auch beliebig geworden ist. Gab es früher ungeschriebene Ettiketteregeln, was man zu welchen Gelegenheiten an Kleidung trug, ist heute vielerorts auch die Jeans mit Turnschuhen zum Smokinghemd möglich. Ebenso ist heute allerlei im Bauwesen möglich, was einst undenkbar war.

Mussten seinerzeit die Häuser in Neubausiedlungen die gleiche Dachneigung und Ausrichtung sowie den gleichen Abstand zur Straße haben, ist hier in unserer heutigen individualisierten Gesellschaft deutlich mehr Freiraum gegeben. In der genormten Enge von früher gab es für den Einzelnen nicht viel Freizügigkeit, man hatte sich an Normen und Regeln zu halten, wusste andererseits aber auch immer, woran man war. Durch die heutige Individualisierung entsteht deutlich mehr Freiheit und Vielfalt. Mit diesen einher geht aber auch eine größere Beliebigkeit sowie mehr psychosozialer Stress. Auch führt die größere Freiheit nicht immer zu mehr Ästhetik oder Wohlbefinden. Im Zusammenleben erfordert die große Vielfalt mehr Toleranz von uns Menschen als es die engen Regeln und Grenzen von früher taten. Auch wohnt man heute enger aufeinander, da die hohen Grundstückspreise die Baugrundstücke immer kleiner werden lassen. Und so leben

Menschen mit grundverschiedenen Interessen und Absichten direkt nebeneinander, wie die unterschiedlichen Haustypen in Neubaugebieten es zeigen.

Unkenntnis der Situation und fehlende Rücksichtnahme führen dann häufig zu Unstimmigkeiten und Streitereien. Wie alles im Leben bringt also auch hier eine angestrebte Verbesserung ihr Gegenstück immer mit. Die nötige Toleranz wäre eine schöne Errungenschaft für uns alle. Oftmals aber finden wir statt ihrer Gleichgültigkeit vor. Die Auflösung von Grenzen führt dazu, dass Menschen orientierungslos werden und sich dann lieber gar nicht für oder gegen etwas entscheiden und gleich=gültig werden. Oder aber sie fokussieren sich so sehr auf sich und ihr eigenes DaSein, dass sie die Rechte von anderen nicht wahrnehmen oder bewusst ignorieren. Auch dies führt zu Disharmonie und Schwierigkeiten im Umgang miteinander.

Am Beispiel des Typus *Atriumhaus* lässt sich die Auswirkung eines Hauses auf Menschen gut beschreiben. Das klassische Atriumhaus findet man in Italien. Es besteht aus Räumen, die rundherum um einen Innenhof, das sogenannte Atrium angeordnet sind. Sie besitzen keine Öffnungen nach außen, da sich viele Häuser aneinanderreihen, sondern öffnen sich alleine dem Hausinneren. Heute bezeichnet man nicht nur Häuser mit einem eingeschlossenen Innenhof, sondern auch U-förmige Häuser als Atriumhäuser, da sich auch hier die Räume um einen inneren Platz herum anordnen. Wer sich schon einmal in einem solchen Raumensemble befunden hat, weiß aus Erfahrung, wie stark die eigene Aufmerksamkeit vom Außen weg und auf das Innere ausgerichtet ist. Da Häuser diesen Typs ursprünglich an Nachbarhäuser anschlossen, war wenig bis kein Platz für Fenster nach außen vorhanden. Und auch heute fallen die Fenster, die nach außen gerichtet sind, zumeist klein aus oder aber besitzen eine schmale Silhouette. Klassische quadratische Fenster findet man hier eher selten. Nach innen öffnen sich jedoch die meisten Räume fast gänzlich und oftmals sogar bodentief mit Vollverglasung einem Mittelpunkt zu. Das Leben in diesem Haus ist dementsprechend ein nach innen gerichtetes, eher zurückgezogenes Leben. Kontemplation anstelle von Geschäftigkeit. Man wird hier stärker als anderswo das Bedürfnis oder den Wunsch nach Ruhe haben. Und dies gleichermaßen, ob man nun ein äußerlich bewegtes Leben führt oder ob man ein introvertierter Typ ist. Das Haus wird die Hinwendung nach innen immer unterstützen.

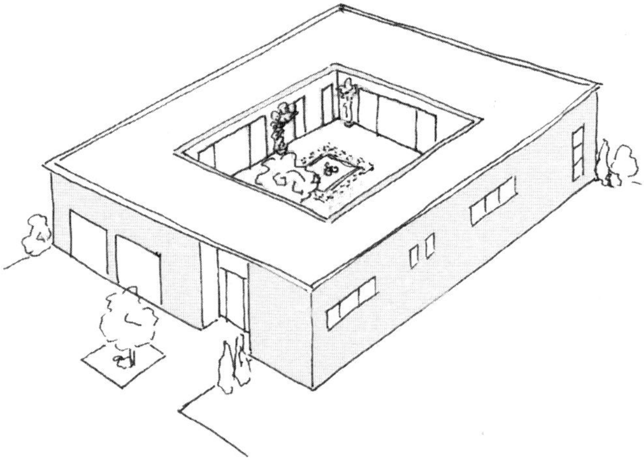

Atriumhaus

Haben nun Menschen sich ein Atriumhaus ausgesucht, werden sie zumeist auch genau diese Prägung genießen. Nehmen Sie jetzt aber einmal den noch immer häufigen Fall, dass in einer Familie einer der Partner der Hauptversorger ist und der andere verstärkt den Part zuhause übernimmt. Dann wird der Versorger nach einem anstrengenden und kontaktreichen Arbeitstag die Ruhe und Entspannung dieses Hauses besonders genießen und entsprechend den Kontakt zu Nachbarn auf ein Minimum beschränken. Er wird nicht abweisend erscheinen, aber die Umgebung nimmt deutlich wahr, dass er sich zurück- beziehungsweise entzieht. Der Partner, der den Haushalt und die Kinder sowie Belange der Familie betreut, hält sich im Vergleich deutlich mehr zuhause auf. Auch er genießt die Zurückgezogenheit des Hauses, ist jedoch stärker auf den Kontakt mit der Umwelt angewiesen, beispielsweise aufgrund von Freundschaften der Kinder. Ist er nun ein Mensch, der eher extrovertiert reagiert, geht er eventuell nach dem Motto *Hoppla jetzt komm ich* auf seine Mitmenschen zu. Oder es gilt, Dinge in Schule, Vereinen oder Organisationen anzuschieben und er gibt sich dabei mit einem sehr konkreten Ausdruck ein. Dies entspricht vielleicht nicht seiner Art und bestimmt nicht dem Ausdruck des Hauses. Dieser ist ja nach innen gerichtet, weg vom Außen. Seine *Stellung* innerhalb der Familie jedoch verlangt gegenwärtig nach dieser nach außen gerichteten Haltung. Für die Nachbarschaft sind nun auf einmal das Bild des Hauses und das Verhalten des einen Bewohners nicht mehr kongruent. Da wir Menschen intuitiv die Aussage eines Hauses erfassen, reagiert die Umwelt daraufhin mit Argwohn und manchmal sogar Ablehnung. So gehen Nachbarn dann auf einmal unterschiedlich auf die beiden Partner zu. Der, der es sich aufgrund seiner aushäusigen Arbeit leisten kann, dem nach innen gerichteten Haus gemäß zu agieren, wird in seiner Art akzeptiert. Derjenige aber, der aufgrund seiner Position (!) innerhalb des Familiengefüges dem Ausdruck des

Hauses zuwider handelt, erfährt Ablehnung und Widerstand. Und denkt nun seinerseits, was für unmögliche Nachbarn er doch hat. So entsteht oftmals Streit zwischen Nachbarn ohne realen Streitgrund. Manchmal auch nur zwischen Einzelnen, beispielsweise denjenigen, die mehr Zeit zuhause verbringen. Zusätzlich kann es aber auch zu Spannungen zwischen den (Ehe-) Partnern kommen, da beide die gleiche Situation verschieden erleben und entsprechend unterschiedlich bewerten werden. Jedoch fast immer, ohne dass ihnen dieser wichtige Unterschied bewusst ist.

Das nach innen gerichtete Atriumhaus wirkt also sowohl auf die Menschen, die in ihm wohnen als auch auf die Menschen, die in unmittelbarer Nachbarschaft leben. Instinktiv spürt man, dass dieses Haus nach innen gekehrt ist und überträgt diese Wahrnehmung sogleich auf die Menschen. Und erwartet, dass die Bewohner es genauso halten und zurückhaltend bis zurückweisend auftreten. Stimmt dann das Verhalten der Menschen nicht mit der Erwartung überein, kommt es zu Schwierigkeiten, die von Verwunderung bis Streit reichen können, je nach Situation.

Zuwege: Wie sind Sie zu erreichen?

Wie wir gesehen haben, gibt es schon beim Betrachten einer Wohnsituation viele Aspekte, die unsere Gefühle beeinflussen, über die wir uns aber zumeist nicht im Klaren sind. Dazu gehört auch die Erreichbarkeit eines Gebäudes. Sieht man schon von weitem, wie man an ein Gebäude heran- und hineinkommt? Läuft es sich dorthin angenehm oder gibt es Stolperstellen? Führt der Weg gradlinig ans Haus heran oder muss man Umwege gehen? Und wie sieht die Bepflanzung aus: ist sie einfallslos und ungepflegt oder abwechslungsreich und ansprechend?

Sie werden mir zustimmen, dass es einen Unterschied macht, ob Sie einen kurzen graden Weg gehen müssen, um den Eingang zu erreichen oder ob ein verschlungener Pfad durch Gebüsch um ein Haus herumführt und Sie nicht wissen, was Sie hinter der nächsten Biegung erwartet. Entsprechend ist auch das Leben und Wohnen durch diese Zuwegung unterschiedlich geprägt. Und zwar für Bewohner und Besucher. Wobei selbstverständlich Situationen unterschiedlich wirken, je nach dem, ob durch die Uneinsichtbarkeit eine angenehme Spannung aufgebaut wird oder man sich verloren fühlt. Auch der Anlass ist natürlich mit hinzuzuziehen. Führt der geschwungene Weg mich spannungsreich durch einen Park auf das Gebäude eines Museums oder Ausstellungsbereichs hin, ist dies anders zu bewerten als wenn der Weg Kuriere oder Dienstleister an ihren Bestimmungsort führen soll.

Grundsätzlich gilt jedoch, dass sichtbare und klare Zuwege förderlicher sind als schlecht einsehbare oder schwierig zu gehende Wege. Je schneller und leichter Besucher ihr Ziel erreichen, desto offener und leichter wird sich oftmals das weitere Geschehen entwickeln. Und je weiter die Wege werden, desto mehr Zeit wird benötigt, um in Kontakt zu treten. Dabei sind gerade Wege zielgerichteter als geschwungene. Diese lassen dafür mehr Freiheit zu und steigern oftmals das Wohlgefühl.

Eine abwechslungsreiche Bepflanzung lässt zudem auf größeren Spielraum schließen als eine wie genormt wirkende. Dabei gilt vielfach: je größer Unternehmen sind, desto einfallsloser und rigider gepflegt sind die Außenanlagen. Man kann es sich leisten, manch einen vor den Kopf zu stoßen und muss nicht auf jeden Menschen individuell eingehen. In der Regel ist man aber auch unflexibler und genormter im Verhalten als kleinere Unternehmen. Der Spielraum bei der Bepflanzung richtet sich natürlich auch nach der Ausrichtung des Eingangs. Liegt er im Süden eines Gebäudes können hier Pflanzen mit reichhaltigem Blüten- und Duftangebot gewählt werden, die im Norden desselben Gebäudes nicht so gut gedeihen würden, da ihnen dort die Sonneneinstrahlung fehlt.

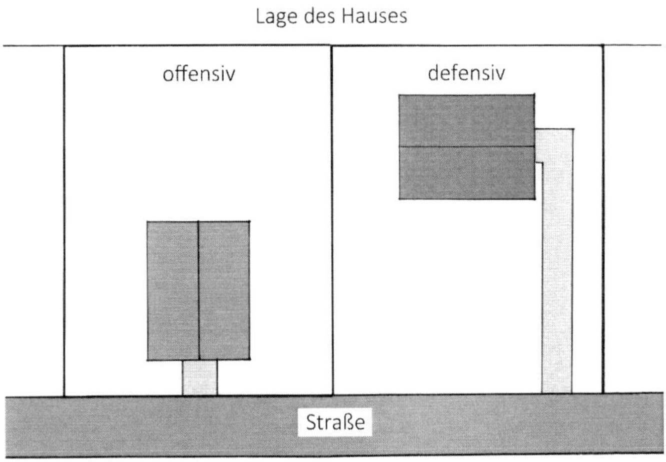

offensive und defensive Lage von Häusern

Wie sich ein Haus im Außen präsentiert, wird auch durch die Lage des Eingangs und den Zugang zum Haus entscheidend mitbestimmt. Stellen Sie sich ein Haus mit Satteldach vor. Je nachdem ob das Haus sich mit der Stirnseite dem Außen präsentiert oder aber mit der Seite, entstehen unterschiedliche

Situationen. Wir kennen die Redewendungen *jemandem die Stirn bieten* beziehungsweise *jemandem die kalte Schulter zeigen.* Stehe ich in einem Gespräch meinem Gesprächspartner von Angesicht zu Angesicht gegenüber, wird das Gespräch anders verlaufen, als wenn ich mich seitlich stelle oder gar abwende. Ebenso ist es auch mit Häusern. So wirkt ein Haus, das seine Seite zur Straße (also zur Außenwelt) zeigt und weiter hinten auf dem Grundstück liegt wesentlich zurückhaltender als eines, welches weiter vorne auf dem Grundstück und mit der Stirnseite zur Straße liegt. Die Stirnseite eines Hauses besitzt zumeist mehr Türen und Fenster als die Seite. Damit öffnet es sich stärker und die Möglichkeiten in Kontakt zu treten sind deutlich höher als bei der seitlichen Lage. Im einen Fall werden Besucher sofort wahrgenommen und können selber ebenfalls viel von den Bewohnern sehen. Die Kontaktaufnahme geschieht direkt und ohne Verzögerung. Im anderen Fall gibt das Haus (und damit die Bewohner) wenig von sich Preis und Besucher werden schon von weitem gesehen, so dass man Zeit hat, sich auf die Situation einzustellen. Dies entspricht einer eher indirekten Art der Lebensführung. Es kommt wesentlich darauf an, welche Situation man als förderlich für sich erlebt. Entsprechend wird man sein Umfeld wählen oder selbst gestalten.

Wege auf einen Eingang zu sollten möglichst leicht zu begehen sein und keine Stolperfallen aufweisen. Muss ein Höhenunterschied überwunden werden, sollte man immer darauf achten, Stufen, Schwellen oder Rampen so anzulegen, dass sich ein leichter Fluss einstellt. Dabei sind zu steile Übergänge ebenso hinderlich wie zu flache Aufgänge, da beide die Aufmerksamkeit auf sich ziehen und dem Gehenden damit Energie rauben. Die Ausführung von Stufen wird dabei gerade im privaten Bereich auch gerne auffällig gestaltet, etwa mit Eisenbahnschwellen, farblich abgesetzt oder ähnlichem. Dabei sollte man schauen, ob dies harmonisch in die Umgebung passt oder aber als Schwelle fungiert und jedes Mal den Schwung hemmt, mit dem man auf das Gebäude zugeht. Dabei gilt es zu schauen, in wieweit man dies beabsichtigt hat oder auch unbewusst in Kauf nimmt. Auch hier gilt: es gibt kein richtig oder falsch. Allenfalls ein gewollt oder nicht.

Eingang und Flur: Verbindung von Innen und Außen

Wollten sie schon einmal jemanden zum ersten Mal besuchen und haben den Eingang nicht gefunden? Man irrt herum und wird immer verwirrter und fühlt sich je nach Fall unglaublich doof, weil man trotz Beschreibung den Weg einfach nicht finden kann. Besser wird es auch nicht, wenn man sich dann noch beobachtet fühlt

Erinnern Sie sich noch, wie nach dieser Suchaktion das Gespräch mit der Person verlaufen ist, die Sie besuchen wollten? Mit ziemlich großer Wahrscheinlichkeit waren Sie nicht so klar und strukturiert wie sonst und eventuell verlief das Gespräch auch schwieriger als erwartet. Dies ist nicht weiter verwunderlich, da es keinen klar erkennbaren Zugang für Sie gegeben hat. Und zwar weder in räumlich-materieller Hinsicht noch im übertragenen Sinn. Man spricht auch davon *Zugang zu jemandem zu finden*, wenn man ein Gegenüber erreichen und in Kontakt treten will. Je schwerer es ist, den Eingang in ein Gebäude zu finden, desto schwieriger wird sich auch die zwischenmenschliche Kontaktaufnahme gestalten.

Umgekehrt erleichtert ein gut sichtbarer und angenehm gestalteter Eingang auch die weitere Entwicklung. Dazu gehört unter anderem die Sichtbarkeit und Klarheit der Adresse, also beispielsweise der Hausnummer. Laut Numerologie hat übrigens jede Zahl eine eigene Bedeutung und trägt damit ebenfalls zum Ausdruck des Ganzen bei. Die Art und Weise, wie die Haustür gebaut ist und an welcher Stelle sie sitzt, gibt dem Eintreten ein bestimmtes Ambiente, wie Gewürze einem Essen den Geschmack verleihen.

Interessant wird es dort, wo mehrere Häuser zu einer Einheit gehören, beispielsweise in Wohnblöcken. Da gehören dann beispielsweise 10 bis 20 Haustüren zusammen zu einer Adresse oder Einheit und sehen im Großen und Ganzen alle gleich aus. Schaut man sich die Situation genauer an, kann man oftmals Unterschiede feststellen, die durch die spezifische Umgebung entstanden sind. Neigt sich beispielsweise die Straße, passen sich die Häuser der Topographie an. So steht jedes Haus geringfügig höher als das andere. Ohne genaueres Hinsehen entgeht einem, dass sich von Haus zu Haus eigentlich alles verändert. Die Simse und Traufen, die Fenster und Türen verändern ihre Lage, um sich der Steigung anzupassen. Dabei bleiben bei Fenstern und Gesimsen die Proportionen oftmals erhalten. Die Eingänge jedoch erhalten Stufen, um die Höhen auszugleichen, je nach Lage mal eine Stufe oder aber auch drei oder mehr. Wegen der Treppenhäuser, die sich an den Eingang anschließen, erhält der eine Eingang ein schmales Oberlicht über der Tür, ein anderer ein höheres und der nächste wieder gar keins. Und damit hat sich schon die Ansicht des Eingangs und damit auch seine Ausstrahlung verändert, ohne dass es großartig auffällt.

unterschiedliche Eingänge

Stellen Sie sich einen Eingang in ein Mehrfamilienhaus vor, bei dem die Haustür eine normale Höhe hat. Sie gehen durch ihn hindurch und befinden sich im dahinter liegenden Treppenhaus. Sind Sie normal groß gewachsen, wird Ihnen jetzt nichts auffallen. Sind Sie aber größer als der Durchschnitt haben Sie nun das Gefühl, den Kopf einziehen zu müssen, weil die Decke im Treppenhaus für Sie gefühlt tief hängt. Stellen Sie sich nun den gleichen Eingang mit Oberlicht vor. Hier liegt die Decke des Treppenhauses erheblich höher und bietet mehr Raum. Für einen großgewachsenen Menschen ist dies deutlich angenehmer, da er mehr Kopffreiheit hat.

Um eine ähnliche Wirkung zu spüren, setzen Sie sich einmal mit einem Stuhl so in einen nicht zu großen Raum, dass er nah an der Wand steht und Sie in Richtung der Wand blicken. Denken Sie nun an Ihren Traumurlaub. Und nun drehen Sie ihn so, dass er von der Wand wegsteht und Sie diese im Rücken haben und in den Raum hineinblicken. Träumen Sie auch jetzt wieder vor sich hin. Spüren Sie den Unterschied? Im ersten Fall werden ihre Gedanken durch die Wand begrenzt, im zweiten können sie sich ungehindert ausbreiten.

Genau dies geschieht bei den Türen mit oder ohne Oberlicht. Entsprechend wird das Hineinkommen in das Haus sich in beiden Fällen unterscheiden. Im einen wird es eher offener und freier zugehen als im anderen, die Bewohner könnten aber auch weniger realitätsbezogen sein. Auch hier kommt es wieder auf die jeweilige Situation an, um eine verlässliche Aussage machen zu können.

Da die Eingangstüren in die Wohnungen in Mehrfamilienhäusern zumeist alle gleich aussehen, zeigen die meisten Bewohner ihren eigenen Ausdruck, indem Sie sich durch Fußmatten, Klingelschilder und ähnliche Accessoires voneinander unterscheidbar machen.

Ich habe die Erfahrung gemacht, dass der Eingang in eine Wohnung, ein Büro oder Geschäft in sehr großem Maße das weitere Erleben prägt und gestaltet. Einerseits durch die schon beschriebenen Faktoren wie Lage und Aussehen. Andererseits durch die Energie, die er den Räumen gibt, quasi wie ein Odem, den er der Wohnung einhaucht. Wie im späteren Kapitel über die Lehre des Feng Shui noch beschrieben wird, gibt es unterschiedliche Themenbereiche, in denen wir in unseren Wohnbereich eintreten können. Liegt der Eingang im Bereich *Reichtum*, wird man sich vermehrt mit dem Handeln und Erreichen von Zielen beschäftigen, während ein Eingang mit der Energie *Ehe* dazu führt, dass man stetig mit Polarität und ihrem Ausgleich sowie mit Grenzen beschäftigt sein wird. Dies rührt daher, dass *Reichtum* als Synonym für Materielles und etwas Er-*reich*-en steht und dies führt über Handeln. *Ehe* beziehungsweise Partnerschaft hingegen besteht aus Zweien, aus einem Ich und einem Du und dem Thema des Miteinanders. Wo höre *Ich* auf und fängt das *Du* an, wo sind also Grenzen und wie wird damit umgegangen. Sie erkennen, dass die Themen unterschiedlicher nicht sein könnten, wieso also sollte das Leben mit zwei so unterschiedlichen Eingangsthemen sich gleich gestalten?

Hinzu kommt noch, dass jeder Eingang unterschiedliche Energien besitzt, je nach dem, aus welcher Richtung und an welcher Stelle man in den Wohnraum hineingeht. Da gibt es förderliche oder stagnierende Energien. Das kennen Sie aus ihrem täglichen Leben, ohne dass es Ihnen jedes Mal bewusst ist. Manche Läden existieren an einem Ort schon über Generationen und Zeiten hinweg und manche wechseln innerhalb weniger Monate mehrmals den Besitzer. Manches Mal mag es an dem verkauften Produkt liegen und manchmal auch an der Art und Weise, wie gewirtschaftet wird. Aber ist es nicht seltsam, dass in manchen Lagen scheinbar alle Geschäfte immer wieder in Konkurs gehen? Und wieder und wieder Menschen angezogen werden, die voller Elan starten und nach kurzer Zeit aufgeben müssen? Und dass dies, wie Sie bestimmt schon selbst erlebt haben, nicht nur in offensichtlich schwierigen, weil schlecht gelegenen Gegenden geschieht, sondern auch in scheinbar besten Lagen. Die Energie des Ortes ist hierfür eine Erklärung.

Neben dem Eindruck, den der Eingang auf uns macht, bestimmt er auch die weitere Atmosphäre mit der wir in die Räumlichkeiten eintreten. Ist es da nicht verwunderlich, wie wenig Aufmerksamkeit und Achtung ihm oftmals gezollt wird? Und das, obwohl er unsere Visitenkarte ist und wir auch aufgrund seiner Erscheinung beurteilt werden.

Ähnlich verkannt wie der Eingang ist auch der dahinter liegende Bereich: der Flur oder die Diele. Bei Neuplanungen, sei es beim Bau eines Einfamilienhauses oder von städtischen Mehrfamilienhäusern, wird dieser Bereich als Nebenfläche eingestuft und als solcher wird er so klein als möglich geplant und ausgeführt.

Eine gründliche Fehleinschätzung, wenn man seine Funktion im Ensemble der Räume betrachtet. An zentraler Stelle im Wohnraum liegend, verbindet er alle Zimmer miteinander und ist einer der am meisten benutzten und durchlaufenen Räume. Ohne ihn geht im Wohnraum nichts. Er ist der Multiplayer, unser Joker. In früheren Zeiten und herrschaftlichen Häusern war das Foyer eine groß angelegte Räumlichkeit. Das sogenannte Vestibül bestand nicht nur aus einer großen Halle, sondern führte über eine repräsentative Treppe in die oberen Geschosse und das Hausinnere hinein.

geräumiger Flur

Heute jedoch fristet der Flur in den meisten Fällen ein elendes Dasein zumeist im Dunkeln, voller Winkel und Ecken, verkannt als Aufbewahrungsort und zumeist unbeliebt. Stellen Sie sich einmal vor, Telefonie und Internet würden ähnlich strukturiert sein. So würden Sie zwar ein unglaublich schickes und hochmodernes Gerät besitzen, beispielsweise Telefon, Handy oder PC, hätten einen Vertrag, der Ihnen Höchstgeschwindigkeit verspricht, aber dann doch lediglich ein Modem, das Ihnen nur begrenzten Zugang verschafft. Allein der Gedanke bringt wahrscheinlich jetzt schon einige ins Schwitzen. ☺

Flur: Autobahn oder Allee

Ein Flur ist dann ein wohltuender Raum und kann seiner Aufgabe als Verbindungsraum gerecht werden, wenn er angenehme Proportionen im Verhältnis zur gesamten Wohnfläche besitzt und natürliches Licht erhält. Er sollte derart strukturiert sein, dass er alle notwendigen Türen aufnimmt, aber auch Wandflächen besitzt, wo Möbel aufgestellt werden können. Zudem sollte er so beschaffen sein, dass man in ihm

Verweilen kann, ohne das Gefühl zu haben, im Weg zu stehen. Nun sind Flure in den heutigen Gebäuden zumeist nicht derart angelegt und wir müssen mit dem Ist-Zustand leben. Allerdings gibt es immer Möglichkeiten, dem Flur die Be-*Achtung* wiederzugeben, die ihm gebührt.

Dazu gehört vor allem, dass man sich bewusst wird, welche Energieströme ihn durchziehen und anfängt, diese sinnvoll zu lenken. Dies kann mittels Beleuchtung sowie entsprechender Boden- und Wandgestaltung geschehen. Auch Farben und Materialien sowie Möbel sind hilfreich. So kann ein langer schmaler Flur wie eine Autobahn sein, auf der alles hindurchrauscht. Oder aber er wirkt durch die Gestaltung wie eine Allee, auf der das Leben gemächlich dahingleitet. Möglich wird dies aber erst, wenn er die ihm gebührende Funktion als Multiplayer zurückerhält.

Treppen und Aufzüge: Verbindung von oben und unten

Die Verbindung der Geschossebenen geschieht in Häusern über Treppen. Ursprünglich waren sie das einzige Mittel, Höhenunterschiede zu überwinden. Mitte des 19. Jahrhunderts gesellte sich dann der Aufzug hinzu. Durch ihn veränderte sich die Bewertung der Geschossebenen. In der Zeit bevor es Lifte gab, war die sogenannte Beletage im ersten Stock die begehrteste Etage in einem Hochhaus. Hier waren Gesellschaftsräume oder auch Büros der Chefs angesiedelt. Sie lagen über dem Tagesgeschäft und boten ausreichend Überblick. Gleichzeitig waren sie aber noch bequem per Treppe zu erreichen, ohne sich körperlich zu sehr anstrengen zu müssen.

Mit dem Aufzug gelangte man auf einmal mit Leichtigkeit auch in die obersten Geschosse, in denen bisher Dienstboten oder weniger wichtige Büros untergebracht waren. Dass das Penthouse heutiger Tage so angesehen und begehrt ist, verdankt es einzig der Erfindung des Aufzugs. Alle Hochhäuser, auch die Wolkenkratzer unserer Zeit, allen voran das Burj Khalifa in Dubai, sind überhaupt erst denkbar geworden aufgrund der Entwicklung und vor allem der Weiterentwicklung des Aufzugs.

Treppen sind aber nach wie vor unverzichtbar und gestalten maßgeblich unser Erleben eines Gebäudes. Jeder kennt das mulmige Gefühl, das einen beschleicht, wenn man in einem Parkhaus durch ein enges, gewinkeltes und dunkles Treppenhaus gehen muss, um zu seinem Wagen zu gelangen. Hier wird sich niemand freiwillig länger aufhalten als nötig. Anders sieht es bei Parkhäusern aus, bei denen man über die Mitte der Treppe die weitere Laufrichtung einsehen kann und die vielleicht auch Glastüren an den Geschosszugängen besitzen sowie hell beleuchtet sind. Sie verursachen wesentlich weniger Unbehagen. Dabei ist für das Laufgefühl einer Treppe auch wichtig, wie hoch die Stufen sind, wieviele Stufen es sind und welche Auftrittsbreite diese haben. Interessanterweise gewöhnt sich unser Körper nach zwei, drei Stufen an das Verhältnis zwischen der Auftrittsbreite und der Höhe einer Stufe. Ist nun eine Treppenstufe anders als die anderen, beispielsweise schräg, weniger hoch oder kürzer, kommen wir ins Straucheln. Daran lässt sich erkennen, wie unser Leben durch den umgebenden Raum geprägt wird, ohne das uns dies immer bewusst ist! Die Gestaltung einer Treppe sowie ihre Form bestimmen die erzielte Wirkung denn auch weit mehr als nur über ihr Aussehen.

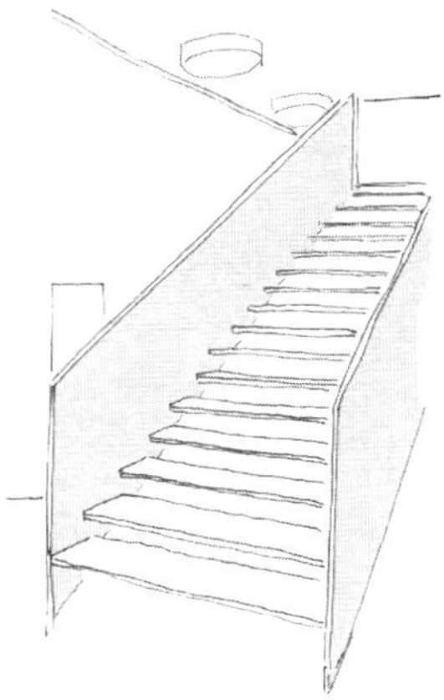

gerade Treppe

Denken Sie einmal daran, wie die Form einer Treppe Ihr eigenes Laufverhalten beeinflusst. Stehen Sie vor einem geraden Treppenlauf, werden Sie die Treppe wesentlich schneller hinaufgehen als bei einer gewinkelten Treppenanlage, da die Gradlinigkeit auf ein Ziel ausgerichtet ist, das zu sehen ist und welches es zu erreichen gilt. Geruhsamer wird eine Wendeltreppe unseren Lauf lenken. Dazu stellen Sie sich die Treppe hinauf auf einen hohen Kirchturm, beispielsweise den Kölner Dom, einmal nicht gewendelt vor, sondern als gerade Treppe, die jeweils ein Geschoss überwindet. Sie würden also immer nur gerade Treppenläufe hinauflaufen. Wie fühlt sich dies in Ihrer Vorstellung an? Die ersten Läufe geht man wahrscheinlich noch schnellen und aktiven Schrittes hinauf. Aber spätestens nach den ersten vier, fünf Treppen wird die Motivation nachlassen, der Schritt langsamer werden und man stöhnend hinaufschauen, wie weit es denn noch ist Auch bei den gewendelten Treppenläufen setzt natürlich die körperliche

Erschöpfung ein, aber im Kopf entsteht eher die Spannung *... na, wann kommt endlich die nächste Ebene, der Glockenturm, der Ausgang?* Nach dem ersten anfänglichen Losstürmen geht man bedachtsam und gemächlich, vielleicht auch geduldig die Stufen hinauf und nimmt, was da kommt als gegeben hin. Der Weg ist hier schon das Ziel.

gewendelte Treppe

Treppen verbinden wie gesehen in einzigartiger Weise die unterschiedlichen Ebenen eines Hauses miteinander. Dabei kann dies geschmeidig gelingen, so dass im besten Fall das Leben im Haus locker von einer Raumebene in eine andere übergeht und ein leichter und angenehmer Lebensfluss entsteht. Alle unsere Räume, aber auch alle unsere Lebenssituationen sind dann gut miteinander verbunden. Vergangenheit, Gegenwart und Zukunft haben ihren Platz, man spricht auch von *Raum haben.* Als Bewohner kann ich mich dann entspannt zwischen ihnen hin und her bewegen. Im schlechtesten Fall kommt die Lebensenergie im Haus jedes Mal ins Stocken, wenn die Treppe benutzt wird. Ich hänge entweder in Vergangenheit (Keller) oder aber Zukünftigem (Obergeschoss) fest. Oder ich betone eventuell allein das Hier und Jetzt (Erdgeschoss) und beraube mich meiner schon gemachten Erfahrungen (Keller) oder noch möglichen Chancen (Obergeschoss). Dann fällt je nach Situation das Träumen und Fühlen schwer, weil alleine der Verstand und das Sachdienliche wichtig sind.

In den meisten Fällen verbinden Treppen ganze Geschosse und damit zumeist großflächige Ebenen. Seltener sind Häuser mit kleinen Flächen auf Zwischenebenen, die zumeist eher in beengten Wohnlagen entstehen. Zu finden sind sie beispielsweise in Reihenhäusern, aber auch in Wohnungen. Im Film „Notting Hill“ mit Julia Roberts und Hugh Grant lebt letzterer in einem schmalen Haus, wie sie in London häufig zu finden sind und wo sich auf jeder Ebene nur ein oder zwei Räume finden. Hier kommt dem Treppenhaus eine weitaus wichtigere Bedeutung zu, da man quasi auf und durch die Treppe lebt. Eine Wohnebene liegt dabei immer um die Hälfte höher als die andere, so dass sich diese Häuser in die Höhe schrauben, wo andere in die Breite gehen. Ein Haus dieser Art wird erst über die Treppenanlage nutzbar und ein offen gestaltetes Treppenhaus unterstützt dabei die Verbindung der Ebenen. Austausch und ein aktives, offenes und miteinander verbundenes Leben sind in diesen Häusern denn auch zentrale und wichtige Themen. Entsprechend wichtig ist die Treppe samt ihrer Gestaltung, da sie häufiger genutzt wird als in anderen räumlichen Situationen.

Türen: Orte des Durchgangs

Türen sind Orte des Durchgangs, man gelangt also durch sie von einem Raum in einen anderen. Damit sind sie Orte der Bewegung und Aktivität und bieten so per se keine Ruhe. In einem Flur beispielsweise, der mit vielen aufeinander folgenden Türen gestaltet ist, ohne dass größere Wandflächen eingestreut wurden, wird man sich nicht gerne aufhalten. Warum ist dies so?

Befinden sich in einem Raum fast ausschließlich Türen, besteht er eigentlich nur aus Laufwegen. Im Beispiel des Flurs geht man dann vom Wohnzimmer in die Küche, von dort ins Kinderzimmer, zwischendurch vom Bad ins Schlafzimmer, zurück zur Eingangstür usw. Wer schon einmal mitten in einer belebten Fußgängerzone auf jemanden gewartet hat, wird wissen, wie sich dies anfühlt: man steht beständig im Weg herum. Eben dieses Gefühl vermittelt ein Raum, der zuviele Türen enthält oder in dem diese verkehrt angeordnet sind.

Da Türen Durch*gänge* sind, kann man in ihrer Nähe nicht zur Ruhe kommen. Wer also im Wohnzimmer ständig auf eine Tür schaut oder aber vom Sofa aus die Eingangstür sehen kann, weiß nun, warum er selten richtig entspannen kann. Dies ist auch der Grund, warum schon seit Alters her gesagt wird, man solle im Bett nicht mit den Füßen in Richtung Tür liegen. Man kommt einfach nicht richtig zur Ruhe. Die Aussage mit der Totenbahre, wo man mit den Füßen zuerst hinausgetragen wird, ist meiner Einschätzung nach als Sinnspruch entstanden, um das Wissen in eine einprägsame Formel für die Allgemeinheit zu bringen.

Man gelangt durch eine Tür aber nicht nur von einem Raum in den nächsten, sondern auch von einem Zustand in einen anderen. Von einer Stimmung in die andere, da jeder Raum eine eigene, andere Atmosphäre und Funktion besitzt. Man nimmt gleichsam die Atmosphäre des einen Raumes mit in den neuen Raum, ist dadurch verbunden mit allem in seiner Wohnung und fühlt sich wohl in ihr – oder eben nicht.

Je nach dem wo die Tür sitzt und wie sie gestaltet ist, geschieht das Durchschreiten der Tür als natürlicher Prozess oder aber man empfindet es, als würde etwas nicht stimmen. Und dies ist auch so, nur wird dieses Gefühl zumeist nicht mit der Tür in Verbindung gebracht, sondern eher mit der Einrichtung oder Gestaltung des gerade betretenen Raumes.

Deshalb renovieren so viele Menschen wieder und wieder und richten sich recht häufig neu ein, ohne dass sich im *Wesen*tlichen wirklich etwas ändert. Man denkt beispielsweise, dass die Farben im Wohnzimmer oder das Sofa und die Schränke nicht passen und kauft und streicht alles neu. Dabei bemerkt man nicht, dass es in Wirklichkeit an der Lage der Tür aus dem Flur oder der Küche liegt, die einen ungünstig in den Raum eintreten lässt. Auf die Dauer entsteht so immer wieder Unzufriedenheit, weil die eigentliche Ursache unentdeckt bleibt und entsprechend keine wirkliche Verbesserung eintreten kann.

Aber auch die Gestaltung einer Tür kann für Unwohlsein sorgen. Wird beispielsweise in einem Altbau mit Stiltüren und entsprechenden Türzargen aus Holz eine alte Tür durch eine reine Glastür ersetzt, wird das Ergebnis wenig ansprechend aussehen. Dabei kann die Glastür sehr hochwertig und schön gestaltet sein. Sie entspricht jedoch einem anderen Stil als die Umrandung und die restlichen Räume und wird stets als Fremdkörper empfunden werden. Wobei nichts gegen den Kontrast von alt zu neu, von Stil zu Moderne spricht. Zumeist aber bedarf dieser Spagat einer gut fundierten Überlegung und sollte nicht aus einer Laune oder aus Kostengründen heraus entstehen, weil es im nächsten Baumarkt gerade ein Sonderangebot gibt. Die Tür mag dort ansprechend aussehen, weil sie wahrscheinlich in eine Leichtbauwand mit schlichter Zarge oder bei Schiebetüren sogar ohne Umrandung eingebaut ist. Zuhause verliert sie ihre Wirkung beziehungsweise erweckt nicht die gleiche Atmosphäre, da die Parameter, also die äußeren Umstände, sich geändert haben.

Es ist entsprechend wichtig, Aussehen, Material und Funktion einer Tür passend zu gestalten. So wirken geschlossen gestaltete Türen meist distanzierter und abweisender als solche, bei denen man durch Glas in die dahinter liegenden Räumlichkeiten sehen kann. Dabei macht es im Falle des geschlossenen Türblattes einen Unterschied, ob es glatt oder mit Ornamenten gestaltet ist. Die schlichte Optik bietet dem Auge wenig Anhaltspunkte und entsprechend weniger persönlich wirkt die Tür. Stellen Sie sich dazu einmal eine Holztür mit Leisten und Füllungen oder Verzierungen vor, wie beispielsweise an alten Bauernkaten. Und nun eine schlicht-glatte Tür aus Metall, wie Sie häufig bei Lieferanteneingängen vorkommt. Sie spüren sofort den Unterschied, wie beide Türen auf Sie wirken. Zudem kommen hier auch noch die unterschiedlichen Funktionen hinzu: einerseits eine Tür in einen privaten und persönlichen Bereich hinein und auf der anderen Seite ein Zugang, der geschäftlich genutzt wird und von vielen unterschiedlichen und sich fremden Menschen genutzt wird.

Oder denken Sie an die Tür in einem Einfamilienhaus, hinter der die Treppe liegt, die hinunter in den Keller führt. Sie ist stets aus dem gleichen Material und im gleichen Stil gearbeitet wie die restlichen Türen des Hauses. Aber statt in einen der ständig genutzten Räume zu führen, die die Haupträume des Gebäudes ausmachen, führt diese Tür in einen Nebenbereich. Dieser wird seltener genutzt und ist weniger schön gestaltet und somit insgesamt den Haupträumen nicht gleichwertig. Die gleich gestaltete Tür jedoch erweckt diesen Eindruck und verwischt Zugehörigkeiten. Dasselbe gilt für Türen in Hauswirtschafts- und andere Funktionsräume. Im schlechtesten Fall öffnet der Gast so auf dem Weg zur Gästetoilette den unaufgeräumten Abstellraum.

Man sollte sich also bei der Wahl von Türen stets fragen, welche Funktion sie erfüllen sollen. Zuviele Türen können wie gesehen einen Raum zerstören. Das Material und die Gestaltung aber ebenfalls.

Wahrscheinlich stimmen die meisten Menschen darin überein, zum Bad hin keine Glastür haben zu wollen. Hier ist allen bewusst, dass das Bad ein intimer Ort ist, den nicht jeder einsehen muss. Diese Klarheit verschwimmt für die meisten aber schon zum Wohnzimmer und der Küche hin. Oftmals ist die Küche als relativ kleiner und rein funktionaler Raum geplant, gerade in Bauten der Jahre 1950 bis in die 1990er Jahre hinein. Sie bietet dadurch kaum Platz zum Sitzen und sich Aufhalten, wie es heute von vielen bevorzugt wird. Um ein Gefühl von Wohnküche oder Loftatmosphäre zu bewirken, wird gerade in diesem Bereich von vielen Menschen gerne eine Glastür gewählt, um die Küche ans Leben anzubinden. Zumeist entsteht die gewünschte Atmosphäre aber nicht, da die Maßnahme zu kurz gedacht ist. Eine Küche dieser Art ist durch ihre Wände und Größe deutlich als Funktionsraum definiert und daran ändert auch eine Glastür nichts. Zudem entsteht beim Wirken in der Küche natürlicherweise durch die geringe Größe Unordnung, die nicht wirklich schön anzuschauen ist. So entsteht eine Atmosphäre von Chaos und Unordnung, wo eigentlich Ruhe und Gemeinschaft entstehen sollte. Der Grundgedanke ist erstmal der richtige, aber die Wahl des Mittels ist dafür nicht angemessen.

Schlosstür

Wie wichtig die Erscheinungsform einer Tür sein kann, erkennt man an alten Schlössern und Kirchen. Hier spielt die Größe beziehungsweise Höhe eine Rolle, da diese anzeigt, wieviel Bedeutung dem Eintritt beigemessen wird. Dort, wo wichtige Persönlichkeiten eintreten, wird dies immer auch an einer hohen und breiten Tür abzulesen sein. Oder können Sie sich vorstellen, dass die englische Königin Elisabeth II. in ihrer Eigenschaft als Staatsoberhaupt bei der Hochzeit ihres Enkels William anstatt duch die weit geöffnete Tür von Westminster Abbey zu schreiten durch eine der beiden im Portal eingelassenen kleinen Türen gegangen wäre? Na eben.

Andersherum kann eine zu geringe Höhe einer Tür instinktiv als abwertend empfunden werden und viel Unbehagen und Missstimmung bewirken. Denken Sie nur einmal daran, dass ein Vorgesetzter eine niedrigere Tür als seine Untergebenen erhält, beispielsweise beim Umbau eines alten Gebäudes. Bewusst wird niemand nachmessen, instinktiv aber erfassen, dass die Tür kleiner in ihren Ausmaßen ist. Entsprechend wird stets eine Unterströmung vorhanden sein und der Vorgesetzte wahrscheinlich mehr als nötig auf die Wahrung seiner Position bedacht sein.

Fenster: Die Augen eines Hauses

Fenster sind die eigentlichen Errungenschaften des zivilisierten Menschen, da erst mit ihnen der tatsächliche Hausbau begann. Wohnten die Menschen zunächst in Höhlen, die nur Zugänge und keine Fenster besaßen, entstanden mit der Zeit Unterstände und Hütten. Sie bestanden lediglich aus Dach, mit einem einzigen Zugang, der auf diese Weise leicht zu schützen war gegen Wetter und Gefahren. Mit der Zeit entstanden erste Häuser mit niedrigen Wandmauern, in der weiteren Entwicklung wurden Dächer dann kleiner und Wände höher. Es wurden erste Fenster eingebaut, die jedoch noch klein waren und zunächst eher kleinen Schießscharten glichen und mit Holzläden verschlossen wurden. Mit der schrittweisen technischen Entwicklung wurden die Fenster größer. Es kamen Verglasungen, die technisch immer hochwertiger wurden. Bis hin zur heutigen Zeit, wo wir in der Lage sind, Häuser komplett aus Glas zu bauen, die teils besser schützen als so manche Behausung von früher.

Fenster versetzen den Menschen in die Lage, sich von der Außenwelt abzugrenzen und dennoch an ihr Teil zu haben. Sie werden auch die Augen eines Hauses genannt. Wir treten durch sie in Kontakt mit unserer Umwelt. Dabei geben Fenster uns die Entscheidungsmöglichkeit, wie dies geschieht. Wir können direkt in Kontakt treten, indem wir das Fenster öffnen. Oder wir wollen für uns bleiben und kontrollieren den Kontakt durch die geschlossene Scheibe.

Fenster sind die Augen eines Hauses und man sagt nicht umsonst, *Augen sind das Tor zur Seele*. Bei einem Blick durchs Fenster kann man erkennen, wie die Menschen im Haus wohnen, arbeiten und leben. Man erhält Einblick, so wie man diesen auch bekommt, wenn man jemandem ins Auge schaut.

Durch Fenster erhalten Innenräume Belichtung. Licht spielt im Leben des Menschen eine wichtige Rolle, da es Motor und Antrieb unseres Lebens ist. Helligkeit und Licht bewirken Aktivität, während Dunkelheit Ruhe bewirkt. Sie kennen das von Tag und Nacht, Sommer und Winter. Tags und im Hochsommer sind wir alle gerne draußen und aktiv, während wir uns im Winter und nachts zurückziehen und dem Bedürfnis nach Ruhe nachkommen. Der Mensch benötigt Licht zum Leben, weshalb Fenstern auch bei jeder Besichtigung einer Wohnung so viel Wert beigemessen wird. Sie können das selbst leicht nachvollziehen, indem Sie sich vorstellen was passiert, wenn Sie einen Raum betreten, der recht dunkel ist und an dessen einem Ende eine Lampe brennt. Ihr Blick wird sich stets als erstes zur Lampe, zum Licht hinwenden. Ein Reflex? Wohl eher eine überlebenswichtige Eigenschaft. Ohne Licht fehlt uns schlichtweg der Antrieb zum Leben.

Da unsere Welt heute kaum noch zur Ruhe kommt und im digitalen Zeitalter die Geschwindigkeit unseres Lebens noch zugenommen hat, verwundert es nicht, dass im Neubau heutzutage fast ausschließlich bodentiefe Fenster, sogenannte Atriumfenster, eingebaut werden. Diese lassen mehr Licht denn je in unsere Behausung fallen und steigern so unsere Aktivität. Wobei es für Planer wie Nutzer scheinbar uninteressant ist, ob es sich bei dem Raum um ein Schlafzimmer, ein Wohnzimmer oder die Küche handelt. Und ob man in einen grünen Garten schaut, in einen verträumten Hinterhof blickt oder aber auf eine vielspurig befahrene Bundesstraße.

Die meisten Menschen nehmen sich keine Zeit, um noch zu werten, was in welcher Situation angebracht ist. Niemand hinterfragt, ob riesige Fensterflächen im Schlafzimmer, wo man traditionell zur Ruhe kommen möchte, förderlich für diese sind und zudem ausreichend Schutz bewirken. Beides sind wichtige Faktoren für erholsamen Schlaf. Es würde doch kein Mensch auf die Idee kommen, mitten im Gewühl schlafen zu wollen. Liegt nun ein Schlafzimmer zur hinteren Seite eines Hauses und hat man Aussicht auf einen grünen Garten, mögen bodentiefe Fenster angebracht sein. Wie oft aber haben heutzutage Wohnungen ihre Schlafzimmer zur Straße hin, mit Blick auf eine vielbefahrene Straße?!?

In größeren Städten kommt es oftmals zu der grotesken Situation, dass Neubauten mehr Fensterflächen aufweisen als Wandfläche. Zur Verschattung und als Sichtschutz werden Jalousien, Rollos und Gardinen sowie undurchsichtige Beklebung eingesetzt, die den Durch- und Einblick verhindern. Manche Häuser gleichen dadurch blinden Geisterhäusern und konterkarieren die Absicht des Planers und auch des Bewohners. Hierdurch entsteht nicht mehr Leben, sondern es kommt zu totengleichem Aussehen. Ganz zu schweigen von der Wirkung, die diese Art der Räume auf die Bewohner hat.

leblos wirkendes Haus

Auch die Gestaltung von Fenstern und Laibungen beeinflusst das Erscheinungsbild und die Wirkung eines Hauses. Schmale längliche Fenster sehen eng(stirnig)er aus und verstärken durch die Betonung der Vertikalen das Sachliche. Im Gegensatz zu breiteren Glasflächen, die das Horizontale und damit Erdige betonen. Durch die modernen nachträglichen Dämmmaßnahmen an Altbauten werden die Fensteröffnungen zudem kleiner, weil die Dämmung vor die bestehenden Rahmen gebaut wird. Aus praktischen, eigentlich eher finanziellen Gründen werden diese Laibungen dann gerade gebaut, weil diese zum einen weniger aufwändig und zeitintensiv zu bauen sind und zum anderen genormte Fensterbänke zulassen, die vorab in Serie produziert werden können. Der Einsparung beim Entstehungsprozess stehen die Energieverluste gegenüber, die sich durch das Leben in den Jahren danach ergeben. Finanziell, indem früher und länger elektrisches Licht angeschaltet wird, da die Räume spürbar dunkler sind. Und im menschlichen Bereich dadurch, dass mehr eigene Energie zum Handeln benötigt wird, da es an Licht fehlt, das zum Handeln motiviert. Zudem gehen den Häusern Weite und Luftigkeit verloren und die Fenster sehen wie Schießscharten, auf jeden Fall jedoch enger und kleiner, aus. Früher legte man Wert auf Details und gestaltete Fensterlaibungen, die sich öffneten. Dadurch wirkten Fenster von außen großzügiger und innen gelangte so mehr Helligkeit in die Räume. Das gesunde Mittelmaß fehlt heute auch hier und so tendieren Häuser zumeist entweder zum einen oder anderen Pol, öffnen sich also komplett oder wirken verschlossen.

schräg ausgeführte Fensterlaibung

Grundriss Fensterlaibung gerade und schräg

Grundsätzlich gibt es Bereiche, die Helligkeit und Offenheit nicht nur gut vertragen, sondern geradezu benötigen. Dazu gehören Eingangsbereiche und Dielen, Essräume sowie Teile eines Wohnzimmers, Besprechungsräume und Kantinen sowie Kundenräume. Doch auch hier sollte immer überprüft werden, wieviel Belichtung wirklich sinnvoll für das Funktionieren des Bereichs ist. Räume, die mit weniger oder gezielt eingesetztem Licht auskommen können, sind Schlafzimmer und Bad, Kamin- und Fernsehräume, öffentliche Studier- und Bibliotheksräume sowie Mitarbeiterräume. Diese sollten gut belichtet, aber eben nicht überbelichtet werden, um die angestrebte und nötige Ruhe finden zu können.

Fenster bestimmen zum größten Teil, wie stark ein Haus oder ein Raum zur Aktivität anhält oder zur Ruhe kommen läßt. Das asiatische Harmoniesymbol von yin und Yang verkörpert das anzustrebende Ziel vom Ausgleich. Beide Energien, das aktive Tun wie auch das passive Sein werden zu einem gesunden und harmonischen Leben gebraucht. *„Tu doch, was du nicht lassen kannst"*, ist ein Spruch, den bestimmt schon jeder einmal gehört hat. Er drückt einen Aspekt von yin und Yang aus: wenn man nicht loslassen und geschehen lassen kann (yin), muss man handeln (Yang). In dieser Zwicklage ist unsere Gesellschaft zurzeit und dieser Zustand lässt sich an den Fenstern heutiger Bauten ablesen.

Ein weiterer Aspekt unserer sachorientierten Gesellschaft, in der Yang überwiegt, ist bei der Anordnung von Fenstern und Türen zu sehen. Die heutigen Grundstücke sind oftmals klein und werden extrem hochpreisig verkauft. Dies führt dazu, dass die Räumlichkeiten nicht nach den Ansprüchen der künftigen Bewohner geplant werden, sondern nach der besten Ausnutzung und Rendite. So entstehen neben den offenen, loftähnlichen Wohn- und Essbereichen, kleine und länglich geschnittene Räume für die eher privaten Bereiche wie Schlaf- und Kinderzimmer. Dabei liegen sich nicht selten Tür und Fenster an den Stirnseiten des Raumes gegenüber.

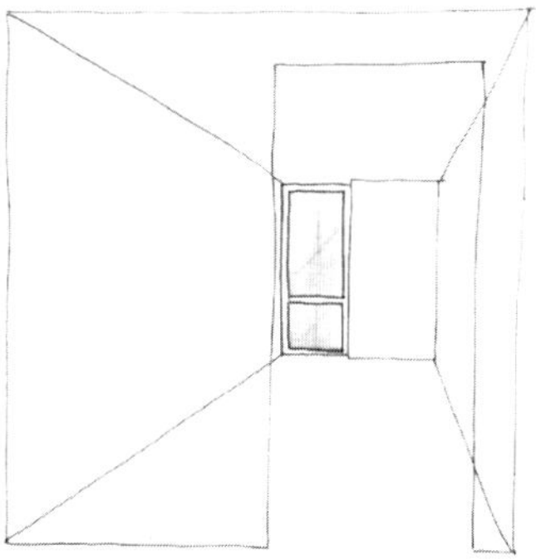

zu länglich geschnittener Raum

Vielleicht kennen Sie diese Situation, wo ein Raum fünf bis sechs Meter lang, aber nur zwei bis zweieinhalb Meter breit ist. Solche Räume sind per se schon kaum zu gestalten. Liegen sich dann Tür und Fenster auch noch gegenüber, ist der Raum vollends aus dem Lot und wirkt unharmonisch. Ähnlich ergeht es uns ja auch. Sind unsere Energien nicht im Fluss, fühlen wir uns unwohl. Läuft unser Leben rund, fühlen wir uns gesund und ausgeglichen. Ebenso ergeht es Räumen. Die Lebensenergie, die alles durchströmt, will ebenfalls im Fluss sein. Man kann sofort nachempfinden, wie unwohl man sich fühlt, kommt man in einen wie oben beschriebenen Raum hinein. Der Raum wirkt durch seine Länge wie eine Autobahn. Und so schnell, wie man hineingekommen ist, so schnell ist man gedanklich auch schon wieder aus dem Raum hinaus.

Türen und Fenster, die sich in dieser Art gegenüber liegen, halten keine Energie im Raum. Diese rauscht durch den Raum hindurch und es wird von allein kein Wohlgefühl entstehen. Man sieht an Häusern und Räumen sehr deutlich, in welcher Schieflage sich unsere Gesellschaft heute befindet. Sachliche Aspekte werden höher bewertet als Empfindungen und Bedürfnisse der Menschen. Das äußere Erscheinungsbild wichtiger genommen als die Funktionalität und Befindlichkeit der inneren Räume.

Beleuchtung: Strahlen oder im Dunkeln munkeln

Gleichgültig, wie erlesen oder gemütlich ein Wohnraum gestaltet ist, fehlt die zu der Situation gehörende Beleuchtung, werden alle Bemühungen nutzlos gewesen sein. Dabei macht es Sinn, des Menschen Geschichte mit Licht anzuschauen, da hieraus das passende Beleuchtungsszenario für unterschiedliche Raumsituationen abgeleitet werden kann.

Stellen Sie sich einmal vor, wie unsere Vorfahren gelebt haben: des Tages waren sie auf Nahrungssuche und der Jagd, um ihr Überleben zu sichern. Die Sonne stand hoch am Himmel und strahlte mit hellem Schein auf sie herab, während sie aktiv ihren Tätigkeiten nachgingen. Abends saßen sie dann am Lagerfeuer zusammen und schauten nach unten in die gelb-rötlichen Flammen des Feuers. Sie aßen, erzählten und waren umgeben von anderen Feuern, an denen weitere Menschen saßen.

Es gab also zwei grundsätzliche Beleuchtungsszenarien. Zum einen das helle Licht der Tagessonne, mit einer einzelnen „Leuchte“ mit weißlich bis bläulichem Licht von oben, die ausreichend Helligkeit für die nötigen Aktivitäten bot. Und zum anderen das gemütliche Licht des Feuers. Hier gab es mehrere „Lichtquellen" in Form der vielen Feuer einer Gemeinschaft, die sich in Bodennähe befanden und gelblichrotes Licht ausstrahlten. Diese Art der Beleuchtung und ihre Wirkung ist in uns bis heute erhalten geblieben.

In Büros und Läden, überall dort, wo wir tagsüber aktiv arbeiten und gestalten, wo es um sachliche und zu erschaffende Angelegenheiten geht, verwenden wir zumeist weißlich-blaues Licht von oben. In kleinen Räumen in Form einer einzelnen Deckenleuchte und in Großraumbüros durch im Raster angebrachte Leuchtstoffröhrenlampen. Abends aber oder in Situationen, in denen wir entspannen wollen, nutzen wir mehrere Leuchten in Bodennähe, zumeist mit farbigen Schirmen oder warmer Lichtfarbe, oftmals auch dimmbar. So weit wir uns als Menschheit auch entwickelt haben, diese Einstellung ist jedem von uns scheinbar innewohnend und uns erhalten geblieben.

Eine Forschungsgruppe des Fraunhofer-Instituts für Bauphysik fand heraus, dass kreatives Arbeiten am besten bei dämmrigen Licht gelingt, während analytisches Denken durch sehr helles Licht gefördert wird. Neutrales Licht wie die in Deutschland vorgeschriebene Beleuchtung von Bildschirmarbeitsplätzen von 750 Lux dagegen wenig Höchstleistungen zustande bringen lässt. Am besten sei immer noch flexibel zu gestaltende Beleuchtung. Die Ergebnisse überraschen nicht, bestätigen aber die oben beschriebene Geschichte des Menschen mit Licht. Bei dämmrigem Licht mit hohem Anteil von rotem, langwelligem Licht, schalten wir innerlich auf *entspannen* um und in einem solchen Zustand fließen Ideen leichter als unter Hochspannung. Je mehr Rotanteil eine Beleuchtung aufweist, desto stärker wird die Produktion des Schlafhormons Melatonin angekurbelt und wir schlafen leichter ein. Sehr helles Licht dagegen enthält zumeist einen sehr hohen Anteil an blauem kurzwelligem Licht und ähnelt daher der Sonnenstrahlung am Mittag. Hierdurch wird unserem Körper über die Zirbeldrüse signalisiert, die Melatoninherstellung einzustellen. So kommen wir zu erhöhter *Aktivität* und Sachlichkeit, so dass wir in der Lage sind, klar und schnell eine Situation abzuwägen und entsprechend zu handeln.

Gab es früher neben Glühbirnen und Leuchtstoffröhren im wesentlichen nur noch Halogenleuchten, gibt es heute mit Energiesparlampen und LEDs Alternativen, die eine bessere Energieausnutzung vorweisen als beispielsweise die Glühbirne. Beide gab es zunächst nur mit weiß-bläulicher Lichtausbeute, zunehmend jedoch kann man auch wärmere Lichtfarben erhalten. Wobei die LED-Technik die deutlich zukunftsweisendere ist, da die Energiesparlampe nicht annähernd hält, was sie verspricht, Stichwort Quecksilber. Doch gleichgültig, welche Lichtform sich durchsetzen wird, interessant ist die Entwicklung beziehungsweise Richtung, in die Beleuchtung sich bisher entwickelt. Die Glühbirne, weltweit sehr beliebt und weit verbreitet, dabei vergleichsweise günstig und ein breit gefächertes Lichtangebot bietend, wurde per Gesetz verboten und verschwindet aus unserem Leben – bis auf ein paar Unbeugsame. Als Ersatz wird mit der Energiesparlampe ein Leuchtmittel verordnet, dass teurer und umweltschädlicher ist in Herstellung, Gebrauch und Entsorgung. Wobei diese Verordnung nicht für alle gleich gilt: Industrie- und Gewerbebetriebe dürfen noch Glühbirnen nutzen, die zu diesem Zweck auch noch weiter hergestellt werden. Und dies alles im Dienste der Energieeinsparung, wobei die Industrie dabei ein deutlich höheres Energieeinsparpotential besäße ... ein Schelm, wer Böses dabei denkt. Wir wähnen uns immer noch frei und unabhängig, werden aber mehr und mehr unserer Wahlmöglichkeiten beraubt durch immer mehr Verordnungen. Im Zuge dieser Umstellungen hält mehr und mehr bläulichweißes Licht Einzug in unser Leben. Wie oben beschrieben, unterstützt dieses Aktivität und Sachlichkeit. Wir werden also auf Dauer, wenn die Entwicklung so weiter geht, immer produktiver, jedoch gefühlsentkoppelter werden und damit besser zu handhaben. Der kontrollier- und einschätzbare Mensch wird gewünscht, wie es in Science-Fiction-Romanen und -Filmen ja zuhauf beschrieben und gezeigt wurde. Durch GPS und Handy-Ortung sind wir schon länger auf dem Weg in eine vollkommen überwachte Welt, wie der NSA-Skandal zeigt.

So kommt die regenerative Seite in unserem Leben zu kurz, wie wir auch schon am Beispiel der Fenster gesehen haben. Kein Wunder, dass immer mehr Menschen an Überforderung erkranken. Wir sparen auf der einen Seite Energie ein, nur um sie an anderer Stelle *sinn*los zu verpulvern. Weiter kommen wir so jedoch nicht.

Achten Sie beim nächsten Leuchtmittelkauf einmal auf die Lichtfarbe und entscheiden Sie sich für Wohn- und Schlafräume eher für eine warme Lichtfarbe. Testen können Sie die Farbe beispielsweise in Baumärkten, die Testfassungen bereitstellen und wo Sie unterschiedliche Leuchtmittel nebeneinander sehen können. Halogenlicht ist dabei neutral bis warmweiß, während die meisten LED-Leuchtmittel noch immer bläulich bis grau scheinen. Es wirkt dann, als ob es ein regnerischer Tag ist statt einem voller Sonnenschein. Dies rührt daher, dass es noch Schwierigkeiten bereitet, bei weißen Dioden den gelb-rötlichen Spektrumsbereich herzustellen.

Material und Farbe

„Marmor, Stein und Eisen bricht, aber unsere Liebe nicht", Drafi Deutscher hat dieses Lied unvergesslich in den 1960er Jahren intoniert. Jeder kennt es und kann mitsummen. Es geht darin um Dauer und Beständigkeit. Die drei angesprochenen Materialien wurden seit jeher benutzt, um Dingen, wenn schon nicht ewiges, so doch zumindest sehr langes Leben zu geben. Die Akropolis in Athen, die Pyramiden in Ägypten und das Colosseum in Rom, aber auch Kirchen wie Chartres und der Kölner Dom wären für uns heute nicht mehr sichtbar, wenn sie aus Holz und Lehm gebaut worden wären. Durch die Härte des jeweils benutzten Materials sind die Formen erhalten geblieben und wir können die Baustile bewundern und uns in die damalige Zeit zurückversetzen. So sind Bauwerke auch immer Zeugen längst vergangener Kulturen, die uns erahnen lassen, was in der jeweiligen Zeit als wichtig angesehen wurde und wie der Mensch sich in Bezug auf seine Umwelt empfunden hat. Gebäude zeigen das Lebensgefühl eines einzelnen Menschen, eines Stammes oder einer ganzen Epoche. Nicht umsonst wurden seit jeher in Kriegen die Dörfer und Städte des besiegten Gegners zerstört. Man zerstörte damit nicht nur seine Lebensgrundlage, sondern auch seine Lebensidee, den Geist, der den Bauten innewohnte. Aus diesem Grund ließ Hitler seinen Architekten Albert Speer nach Materialien forschen, die die Gegenwart überdauern und ewiges Zeugnis seines Gedankenguts sein sollten.

Uns heutige Menschen mutet dies rückständig und schwerfällig an. Dies kommt daher, dass wir durch Internet und schnelle Kommunikation unseren Fokus sehr stark auf den

Kopf und das Geistige ausgerichtet haben. Wir vergessen oder verdrängen dabei jedoch, dass wir vor allem auch körperlich leben. Ohne den Körper wären wir nicht. Und so wichtig Geistiges und Spirituelles ist, in dieser Welt der Stofflichkeit ist auch das Materielle wichtig. Uns aber geht das Wissen und Gespür dafür verloren, dass Gebäude immer einen Ausdruck haben und uns darüber hinaus ein Gefühl vermitteln.

In bestimmten Situationen wird dies spürbar. Stellen Sie sich vor, Sie sitzen vor einem Haus und lehnen sich mit dem Rücken an dieses an. Ein Haus aus Stein wird sich immer kühl anfühlen und je nach Jahreszeit werden Sie dies als angenehm oder eher unangenehm empfinden. Haben Sie nun ein Haus aus Holz, an das Sie sich anlehnen, wird sich Ihr Rücken unter Umständen sogar erwärmen. Materialien beeinflussen demzufolge deutlich unsere Empfindungen.

Aber auch vom bloßen Ansehen wirken Häuser durch ihr Material. In Irland hat der Architekt Dominic Stevens mit seinem „Mimetic House" ein Haus in die wilde ungestaltete Natur gesetzt, das aus bestimmten Blickwinkeln vollkommen aus verspiegeltem Glas gebaut ist. Dadurch verschmilzt das Haus bei einer bestimmten Lichtstimmung fast unsichtbar mit seiner Umgebung. Nun kann man sich leicht vorstellen, wie unterschiedlich dieses Haus oder eines ganz aus Stein auf den Betrachter wirkt. Beide setzen eigene Duftmarken und sprechen verschiedene Menschen an. Beziehungsweise werden Menschen unterschiedlich von ihnen angesprochen. Ein Haus aus Stein wirkt zumeist erdig, jeder weiß, sieht und fühlt, dass es nur schwer aus der Ruhe oder zu Fall zu bringen ist. Ein Haus aus Glas oder Spiegel aber entzieht sich dem Betrachter fast zur Gänze, da dieser hindurch schauen kann oder sich selbst darin reflektiert sieht. Auf jedes dieser Häuser wird man unterschiedlich zugehen. Und infolgedessen natürlich auch auf die Bewohner.

Eine Treppe aus Holz, Stein oder Glas lässt uns jeweils mit unterschiedlichen Empfindungen hinauf- oder hinabsteigen. Wir fühlen, hören und sehen das jeweilige Material und stellen uns darauf ein ohne zu bemerken, dass wir es tun. Eine Treppe aus Stein erkennen wir am Klang und treten fest auf, weil wir aus Erfahrung wissen, dass Stein eine hohe Dichte und Haltbarkeit aufweist. Glas besitzt ebenfalls eine gewisse Härte, aber auch hier wissen wir aus der Erfahrung, dass es springen kann. Am Klang erkennen wir das Glas, können es sofort von Stein unterscheiden und stellen uns ohne es zu bemerken darauf ein. Eine Treppe mit gläsernen Stufen können manche Menschen deshalb auch nicht begehen, da ihnen hier der Halt fehlt. Aus diesem und weniger aus technischen Gründen werden eher selten Treppen aus Glas gebaut. Für durchsichtige Geländer gilt das Gleiche. Auch sie lassen bei vielen Menschen Unsicherheit aufkommen und werden deshalb seltener gebaut.

Acrylmöbel sind durchsichtig und zumeist lange nicht so haltbar wie Holz-, Glas- oder Stahlmöbel. In ihren Anfangsjahren wirkten sie auch weniger wertvoll. Vielleicht erinnern Sie sich noch an die ersten Restaurants einer amerikanischen Fastfoodkette in den 1970er Jahren in Deutschland. Sie besaßen Sitze aus orangefarbenen Plastikschalen, die zu mehreren zusammenhingen wie in Sporthallen. Entsprechend wirkten sie auch nicht besonders hochwertig und es kam immer wieder zu Vandalismus. Je hochwertiger eine Einrichtung aussieht, desto wertgeschätzter fühlen sich die Nutzer und benehmen sich entsprechend. Um Kosten zu sparen, wurden die Einrichtungen deshalb im Laufe der Jahre verändert und zunächst im Material exquisiter, heute vor allem optisch hochwertiger gestaltet. Die Vandalismusschäden gingen daraufhin zurück. In Bussen und überhaupt öffentlichen Verkehrsmitteln lässt sich ähnliches beobachten.

Glas, Acrylglas und alles, wodurch man hindurch schauen kann, besitzt keine eigene Materialhaftigkeit, sondern wirkt existenz- und schwerelos. Ein Raum, der überwiegend ohne Farben und mit viel Glas, Spiegeln und Plexiglas gestaltet ist, wirkt ätherisch und federleicht. Er erscheint gleichzeitig auch ohne Substanz und zeigt kaum persönlichen Ausdruck. Farben und griffige Materialien haben umgekehrt ihre *Eigen*heit und zeigen Facetten der Persönlichkeit des Bewohners. Der Volksmund spricht deshalb auch davon „Farbe zu bekennen“ oder „Gewicht zu haben“ beziehungsweise „Gewicht zu verleihen“.

Je mehr Farben und Texturen in einem Raum vorhanden sind, umso einen kraftvolleren Ausdruck wird er besitzen. Es ist ein möglicher Ansatz, nach den Farben und Materialien zu schauen, wenn jemand darüber klagt, dass es in seinen Räumen zu kühl und ungemütlich sei und man sich darin nicht zuhause fühlen könne. Überwiegen helle und weiße Töne und Möbel aus Glas und Stahl, vermittelt dies kein Gefühl, wer in diesem Raum lebt. Weiß reflektiert die Sonne, während schwarz und dunkle Farben das Sonnenlicht absorbieren, also aufnehmen. Entsprechend zeigt eine hell-weiße Gestaltung keinen eigenen Ausdruck, da alles, was man an Sinneseindrücken in den Raum hineinwirft, zurückgeworfen wird. *Gemütlichkeit* ist definiert als die Summe aller Empfindungen und wir assoziieren damit angenehme Gedanken und Sinneseindrücke beim Betrachten eines Raumes, die unsere innere Zustimmung bewirken. Sind jedoch keine konkreten Aussagen durch Farben oder Möbel in einem Raum vorhanden, kann es entsprechend zu keinem *gemüt*lichen Ambiente kommen.

Farben bringen dabei immer ein Gefühl mit sich. Ampeln und Verkehrsschilder sind nicht umsonst leuchtend Rot. Sie warnen vor Gefahr. Bei Rot fährt unser Puls hoch, damit wir in potentiellen Gefahrensituationen angemessen reagieren können. Bei einem Dia-Vortrag während des Studiums bekamen wir dies eindrucksvoll zu spüren. Uns wurden eine halbe Stunde lang ausschließlich Bilder gezeigt, die entweder ein rotes Objekt wie eine Tomate zeigten oder aber mit rot zu tun hatten wie beispielsweise Blut neben einem Obstmesser oder Bilder, die rot eingefärbt waren. Nach kurzer Zeit wurde uns immer wärmer und im Verlauf des Vortrags zogen wir überflüssige Jacken und Schals aus, weil uns die Hitze unseres eigenen Körpers zu schaffen machte. Dabei handelte es sich überwiegend um Rottöne, die einen hohen Gelb-Anteil besaßen. Hier finden wir die gleiche Sprache vor wie sie im Kapitel Beleuchtung anhand des Feuers beschrieben wurde. Gelbliche Rottöne wärmen und geben ein Bild von Behaglichkeit wieder. Ins bläulich gehende Farbnuancen verändern die rote Farbe, so dass sie kühler und distanzierter wirkt. Kardinalrot oder Purpurrot beispielsweise enthalten mehr Blauanteile. Die namensgebenden kirchlichen und weltlichen Würdenträger sollten und wollten denn auch nicht unmittelbar in Kontakt mit vielen Menschen treten und waren aufgrund ihrer Stellung distanziert vom alltäglichen Geschehen. Das gegenteilige gelbliche Rot finden wir in Rotlichtvierteln. Dort sollen und wollen die Menschen sich näherkommen, wie auch alles, was mit Liebe und Sex zusammenhängt stets mit gelblichem Rot beworben wird.

Rot kann also den Blutdruck erhöhen und lässt uns insgesamt eher wachsam sein. Orange wird gerne zur Stimulation des Appetits genommen. Grün und Blau wirken allgemein eher beruhigend, während gelbe Farbtöne zumeist die Stimmung anheben. Dies sind jedoch nur allgemeine Aussagen, die von Fall zu Fall variieren können.

Wer den Farbkreis kennt, weiß, dass es unterschiedliche Farbtöne ein und derselben Farbe gibt. Oftmals haben wir Sätze wie „Blau wirkt immer kühl" im Kopf. Und nehmen dies ohne zu hinterfragen als Axiom, das uns einschränkt und so daran hindert, beispielsweise blau als Wandfarbe zu wählen. Stellen Sie sich dazu einerseits ein karibisches Blau sowie andererseits ein arktisches Blau vor. Ersteres wirkt warm, weil es mehr Gelb-Anteile enthält, während das zweite einen höheren Rot-Anteil aufweist und dadurch kühl wirkt. Es kommt also auf die Zusammensetzung einer Farbe an, um bestimmen zu können, welche Wirkung sie besitzt. Ein jeder Mensch hat zudem auch noch unterschiedliche Assoziationen und somit differierende Bewertungen. Hinterfragen wir solche Sätze nicht, nehmen wir sie als Wahrheit an und berauben uns so vieler Möglichkeiten.

Haben Sie das Gefühl, dass es Ihnen an Ruhe und Entspannung mangelt, können Sie reduzierte Farben auch bewusst dazu einsetzen, Stress und Aktivität einzudämmen und ruhiger zu werden. Ebenso können Bereiche mit Farbe akzentuiert und dadurch betont werden. Hierzu gibt es mittlerweile eine Fülle von Ratgebern und Tipps und Anregungen in Zeitschriften und Büchern. Bei der Auswahl ist es eher so, dass es bei all den guten Ideen schwer fällt, die für einen selbst richtige herauszufiltern.

Gelungene Beispiele für gut gewählte Farben auch bei Häusern lassen sich immer wieder finden. Im Hamburger Stadtteil Rothenburgsort beispielsweise wurde in den 1990er Jahren das alte Heizkraftwerk abgerissen und durch einen Neubau ersetzt. Dieser ist im unteren Bereich im Hamburg-typischen Rotklinker verkleidet. Die oberen Verkleidungselemente der Anlage sind im wahrsten Sinne des Wortes *Himmel*blau gehalten. An einem strahlenden Sonnentag passt dieses industrielle Bauwerk harmonisch in seine Umgebung, da es bis zu einer, der Umgebung angepassten Höhe erdig scheint und oben mit dem Himmel verschwimmt. Der massige Bau erscheint hierdurch luftiger. Und auch das unterhalb fließende Wasser eines Elbarms gibt dem Ganzen eine zusätzliche Leichtigkeit.

Feng Shui und Geomantie verstehen und einschätzen

Feng Shui ist eine Harmonielehre, die seit Jahrtausenden in China praktiziert wird. Sie strebt danach, Mensch und Umwelt miteinander in Einklang zu bringen. Durch gelebte Tradition blieb Feng Shui dort über die Zeit als Regelwerk erhalten, so dass es heute noch kompakt als Wissen zur Verfügung steht. Letztlich besitzt jede Kultur eine jeweils spezielle Art und Weise, die Umwelt harmonisch zu gestalten. In unserem Kulturkreis hieß diese Richtung Geomantie. Geo bedeutet *Erde* und Mantie *Weisheitslehre*, zusammengenommen also *Weisheitslehre von der Erde* und ihren Formen. Unsere alten Kirchen sind gemäß den Regeln der Geomantie gebaut. Die Plätze auf denen sie stehen, sind kraftvolle Energiepunkte und die Zugänge, Achsen und wichtigen Ritualorte innerhalb des Gebäudes mit Bedacht gewählt. Gleiches findet sich bei den Bauten der Ägypter, bei ihren Pyramiden und Tempeln. Auch bei den Inkas und Griechen gab es dieses Wissen um die Naturkräfte und ihre Auswirkungen. Die Inder nennen dieses Wissen Vastu. Die Menschen früherer Zeiten wussten noch um die Kräfte der Natur, waren sie doch von ihnen abhängig. Und so haben sie diese stets für ihre Zwecke und Belange genutzt. In Europa ging durch Inquisition und Hexenverfolgungen viel an Kenntnis verloren, doch seit vielen Jahren wird dieses alte Wissen wiederentdeckt und unter dem Stichwort *Neo-Geomantie* (neo = neu) wieder mit Leben gefüllt.

Entstanden sind diese alten Regeln durch Beobachtung. Man betrachtete die Natur und deutete das Beobachtete. Ähnlich geht heute die Wissenschaft vor, indem sie zunächst beobachtet, Thesen oder Deutungen aufstellt und diese dann erklärt, indem sie sie verifiziert oder falsifiziert. Man stellte dabei fest, dass gewisse Dinge in den immer gleichen Situationen entstanden, auch wenn manche Parameter unterschiedlich waren. Und zog so Rückschlüsse, die weiter und weiter verfeinert wurden. *Wie innen so außen, wie oben so unten, wie im Kleinen so im Großen.* Das Gesetz der Analogie besagt, dass Dinge sich trotz unterschiedlicher Dimensionen ähnlich verhalten können. Will man beispielsweise ein neues Schiffsmodell erfinden, baut man ja auch nicht sofort ein Schiff in realer Größe, sondern zunächst erstmal ein Modell im kleinen Maßstab. Dieses testet man dann im Wasserkanal auf Strömungsverhalten, stellt unterschiedliche Versuchsreihen zusammen und verfeinert und ändert, wo es nötig ist, bis man mit dem Ergebnis zufrieden ist. Erst im Anschluss an diese Forschungen wird das Schiff in Originalgröße gebaut. Nach diesem Gesetz der Analogie funktioniert auch Feng Shui. Die kleinen Dinge wie Accessoires in einer Raumecke drücken dabei das Gleiche aus wie eine Ecke des gesamten Hauses, wenn beide denn zum gleichen Aspekt gehören. So zeigt beispielsweise sowohl der fehlende Südwestbereich im Hausgrundriss als auch der Kaktus in der südwestlichen Ecke des Schlafzimmers, dass das Thema Ehe und Partnerschaft im Leben der Bewohner entweder keinen Raum erhält, sich zumindest aber wohl schwierig, weil stachelig gestalten wird. Diese Erkenntnis erschließt sich jedoch erst, wenn man weiß, dass der Südwesten Heimat der Polarität ist und im Feng Shui mit Ehe oder Partnerschaft benannt ist.

Feng Shui ist übersetzt so etwas wie eine Straßenverkehrsordnung für Räume. Es gibt Regeln, an die man sich halten sollte, weil man sonst in Schwierigkeiten geraten kann. Dabei gibt es Raum für Interpretationen. Ich denke, jeder ist schon mindestens einmal in seinem Leben bei Rot über eine Ampel gegangen, auch wenn man grundsätzlich weiß, dass dies gegen die **sinnvolle** Regel ist. Regeln ordnen unseren Alltag, so dass wir nicht immer wieder aufs Neue sich ständig wiederholende Situationen neu durchdenken müssen. Sie erleichtern uns also unser Leben. Sich sklavisch an Regeln zu halten, kann aber zu Schwierigkeiten führen, so dass es allemal gesünder ist, stets den gesunden Menschenverstand hinzuzuziehen.

Männer treten Feng Shui dabei im Allgemeinen skeptischer gegenüber als Frauen. Sie wollen Fakten sehen und hören und hinterfragen vieles kritischer. Frauen sind eher bereit, etwas Neues erst einmal anzunehmen und auszuprobieren. Sie geben dabei mehr ihrem Bauchgefühl nach, während Männer konkret überzeugt werden wollen. Beide Haltungen haben ihre Berechtigung, aber auch ihre Schattenseiten. So entgeht Männern bei der Ablehnung dessen, was sie nicht kennen oder verstehen, schon mal die Hilfe, die Feng Shui bei der Lösung ihrer Probleme geben könnte. Frauen wiederum machen durch fehlende Erdung und Konkretisierung auch gerne mal Dinge, die völlig losgelöst sind und so nur Kopfschütteln hervorrufen können. Eine gelungene Mischung beider Positionen würde Feng Shui wirklich gerecht werden. Es ist weder Spökenkiekerkram noch Heilslehre, sondern ein Hilfsmittel, um Probleme des Alltags zu lösen, insbesondere räumliche Schwierigkeiten.

Die meisten von Ihnen werden schon einmal einen wichtigen Aspekt im Grundgerüst des Feng Shui gesehen haben: das *Bagua* (Abbildung Seite 86). Dies ist eine Zeichnung, auf der man ein in neun Quadrate geteiltes Rechteck sieht, in dem sich Zeichen oder Begriffe befinden. Diese Begriffe stehen als Überschrift für neun Themen, die zusammen alle Aspekte des menschlichen Zusammenlebens umfassen. Sie führen über den *eigenen Weg*, *Partnerschaft* sowie *Gemeinschaft*, über *Reichtum* und *Freunde*, *Kinder*, *Wissen* sowie *Ruhm* zu einem *gesunden Leben.*

		SÜD		
	REICHTUM	RUHM	EHE	
OST	FAMILIE	GESUNDHEIT	KINDER	**WEST**
	WISSEN	INNERE KARRIERE	FREUNDE	
		NORD		

Bagua – klassisch eckig

Dabei sind diese Begriffe, also beispielsweise *Ehe* und *Partnerschaft* lediglich als Synonyme für eine bestimmte Energie zu verstehen, in diesem Fall für den Umgang mit Polarität und Grenzen, da es in Partnerschaften immer um Zwei geht. Und damit um die Frage, wo der Bereich des Einen aufhört und der Bereich des Anderen anfängt. Und besonders um die Frage, wie damit umgegangen wird.

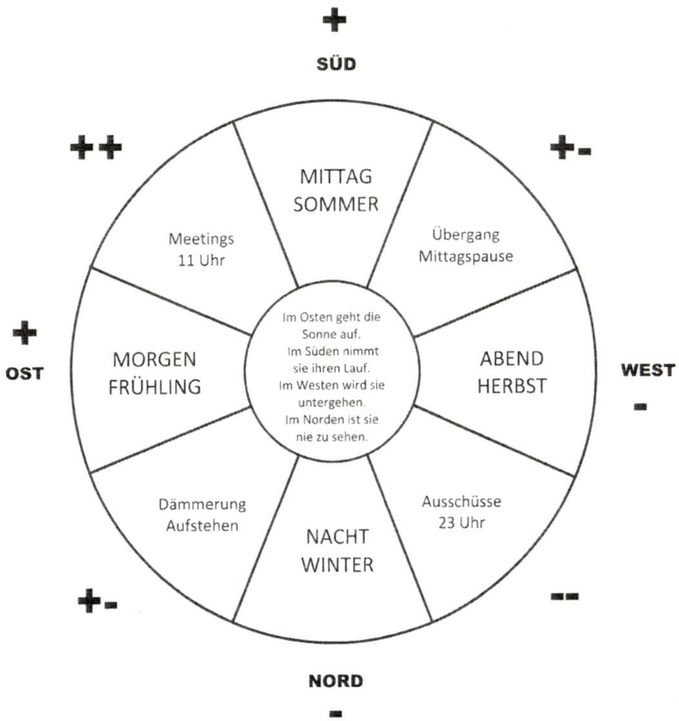

Tages- und Jahreszeiten in Relation zu den Himmelsrichtungen

Und eben aus diesem Grund, dass es sich bei den Begriffen um Platzhalter handelt, ist es wenig sinnvoll beziehungsweise zu kurz gedacht, wenn man beispielsweise einen besseren materiellen Lebensstand zu erreichen gedenkt, indem man einen Geldschein in den Reichtumsbereich legt. Natürlich geht es in diesem Bereich um Materie und Reichtum. Es geht aber grundsätzlich zunächst einmal um die Energie, etwas in die Materie zu bringen, also real werden zu lassen. Etwas zu er-*reich*-en. Dies kann auch eine Idee sein, die man umsetzt.

Diese Themen oder Energien werden nun bestimmten Himmelsrichtungen zugeordnet.

Denken Sie an den alten Kinderreim "Im Osten geht die Sonne auf, im Süden nimmt sie ihren Lauf, im Westen will sie untergehen, im Norden ist sie nie zu sehen." (Abbildung Seite 87).

Wir alle wissen und erleben es Tag für Tag und Jahr für Jahr, dass die Himmelsrichtungen unterschiedliche Energien aufweisen. Morgens hat man zumeist noch die meiste Kraft zur Verfügung, bestimmte Dinge in Angriff zu nehmen. Ebenso ergeht es uns im Frühling, wenn nicht nur die Natur zu neuem Leben erwacht. Dies ist die Energie des Ostens. Entsprechend ist mittags und im Sommer die Hitze am größten, wenn die Sonne im Süden steht, während gegen Abend und im Herbst die Wärme und Lebendigkeit nachlässt. Dies ist die Energie des Westens, die zum Norden übergeht, um so in der Nacht und im Winter der Dunkelheit und Kälte zu weichen. Versehen wir die unterschiedlichen Energien mit den Zeichen Plus + und Minus – für auf- und absteigende Energien oder zu- und abnehmende Kräfte, erhalten wir im Osten ein Plus +, ein Doppelplus ++ im Südosten und ein Plus + im Süden, da in diesen Bereichen die Energie aufbricht und nach außen drängt, wobei das Doppelplus ++ die kraftvollste Energie aufweist. Der Südwesten ist eine Zeit des Übergangs und wird mit Plusminus +- gekennzeichnet. Es ist die Zeit zwischen Mittag und Nachmittag, wenn wir nach dem Mittagessen oft nicht entscheiden können, sind wir Fleisch oder Fisch, gehen wir nach Hause und legen uns hin oder reißen wir uns zusammen und legen richtig los. Auf jeden Fall hat jeder von uns schon erlebt, dass man nachmittags anders arbeitet als morgens, eben weil die Energie sich geändert hat. Der Westen erhält entsprechend ein Minus –, der Nordwesten ein Doppelminus – – und der Norden ein Minus –, um anzuzeigen, dass die Energie mehr nach innen gewandt ist wie im Herbst und Winter.

Der Nordosten als Richtung entspricht der Energie der Morgendämmerung, wo wiederum die Energie wechselt, der also ebenfalls mit Plusminus +– gekennzeichnet wird. Es ist wie Ebbe und Flut, wobei jedes einen Hochpunkt hat. Das yin und Yang Symbol mit seinen an- und abschwellenden Energien zeigt sehr schön diese Symbolik (Abbildung Seite 90).

Yang steht für die männliche Energie des Handelns und Aktivseins. Ein Symbol für Yang ist beispielsweise die Sonne, die wärmt und aktiv ausstrahlt.
Yin ist entsprechend Ausdruck der weiblichen Energie, die annimmt und reflektiert. Ein Symbol für yin ist beispielsweise der Mond, der das Sonnenlicht reflektiert.

Den beschriebenen Kreislauf und die an- und abschwellenden Energien kennen wir alle und erleben es tagtäglich, ohne dass es uns explizit auffällt. Meetings, Jour Fixes und Besprechungen werden gerne in den Vormittag gelegt, meistens um 10 oder 11 Uhr. Schauen wir auf das Bagua, finden wir hier den Südosten mit dem Doppelplus ++, also der höchsten Stufe der nach außen strebenden Energie, dem Yang. Um diese Uhrzeit sind wir am tatkräftigsten. Jetzt ist aber auch jeder in seinem Ego und will seine Ziele er*reich*en. Entsprechend liegt hier im Bagua der Bereich *Reichtum.*

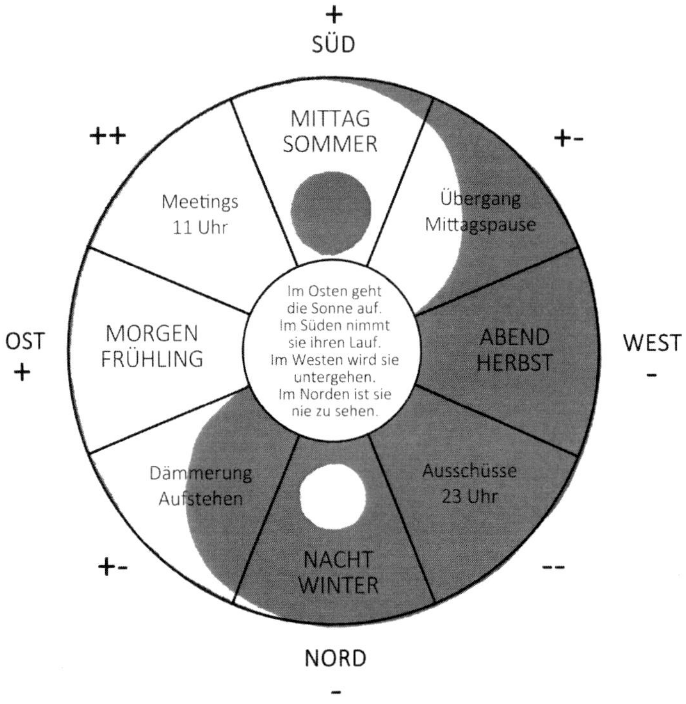

Energien im Tagesverlauf

Haben Sie sich eventuell auch schon oft gefragt, warum Vermittlungsausschüsse in Wirtschaft und Politik immer so spät in der Nacht stattfinden? Außer, dass die Beteiligten dann noch Raum in ihrem Terminplan haben, fiel mir zunächst nur Nachteiliges ein, da alle übermüdet und geistig nicht wirklich fit, salopp gesagt, nicht ganz auf der Höhe sind. Im Bagua nun bot sich mir eine einleuchtende Erklärung. Um 22, 23

Im Osten geht die Sonne auf. Im Süden nimmt sie ihren Lauf. Im Westen will sie untergehen. Im Norden ist sie nie zu sehen.

Im chinesischen Kompass steht im Gegensatz zum westlichen der Süden oben und auch die Nadel zeigt nach Süden.

Das yin und Yang Symbol ist dann seinem Sinn gemäß dargestellt, wenn das dicke Ende des Weißen oben und nach rechts drehend erscheint, dem beschriebenen Wandlungszyklus des Kinderreims entsprechend.

Uhr abends befinden wir uns auf dem höchsten Punkt der nach innen gerichteten Energie, dem yin. Jetzt nehmen wir auf und hören dem anderen zu und wollen nicht um jeden Preis unseren Standpunkt durchsetzen. Jetzt sind wir bereit, dem anderen wirklich zuzuhören, uns auf ihn einzulassen. Diesem Geist entsprechend finden wir hier den Bereich der *Freunde*. Dieser steht auch für Kommunikation und Austausch. Hier geht es um die Energie des Gebens **und** Nehmens. Freundschaft oder freundschaftliches Miteinander funktioniert auf Dauer nur, wenn Geben und Nehmen ausgeglichen sind. Sonst entsteht ein Gefälle, das zu Spannungen führt und Freundschaft zerbrechen lassen kann. Um sich abzustimmen und eine ausgeglichene Beziehung herzustellen, bedarf es der

Kommunikation und des Austauschs. Wie passend! Auf einmal wurde mir der Zusammenhang klar und ich verstand, warum so vieles nachts zu einer Einigung kommt. An dieser Stelle übrigens erwachen auch die Männer aus ihrer ablehnenden Haltung, weil sie klar und deutlich den Zusammenhang verstehen und aus ihrem täglichen Erleben wiedererkennen.

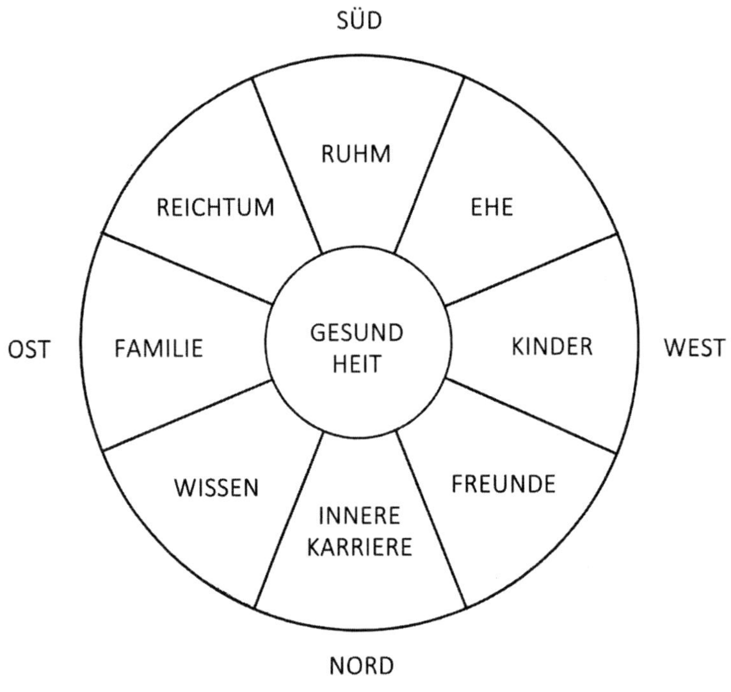

rundes Bagua

Wie Sie anhand der Schilderungen und Zeichnungen erkennen können, ist das Bagua eigentlich als runde Form sinnvoll (Abbildung Seite 92).

Da unsere Räume nunmal eckig sind, ist das quadratische beziehungsweise rechteckige Raster (Abbildung Seite 86) leichter anzuwenden, allerdings oft auch ungenauer, da die Gradeinteilungen der Himmelsrichtungen hier nicht exakt dargestellt werden können.

Das Bagua wird über den Grundriss eines Hauses, einer Wohnung oder eines Zimmers gelegt und gibt Informationen darüber, was energetisch in den Räumen geschieht. Aus ihm lässt sich erkennen, wie sich dies auf die Menschen auswirken kann. So finden in den verschiedenen Räumen eines Hauses unterschiedliche Aktivitäten statt und einzelnen Räumen sind bestimmte Funktionen zugeordnet.

Im Schlafzimmer beispielsweise geht es um das Abschalten vom Tagesgeschehen. Das Leben kann sich dabei *wie im Schlaf* entfalten oder *verschlafen* werden. In der Küche bereiten wir Essen zu, das uns nähren soll, ein Flur schafft Verbindung zwischen unterschiedlichen Bereichen unseres Lebens und im Wohnzimmer wollen wir ausruhen und auch mit anderen (entspannt) zusammen sein. Im Bad wiederum geht es es im praktischen wie im übertragenen Sinn um das Loslassen und Reinigen.

Dabei macht es einen Unterschied, welches Thema im jeweiligen Raum energetisch wirkt. Ob es im Bad beispielsweise um *Ruhm* oder um *Kinder* geht. Befindet sich hier das Thema *Ruhm*, gilt es zu schauen, wodurch oder durch wen man sich anerkannt fühlt, wobei die Anerkennung im besten Fall natürlich aus einem selbst heraus kommt. Im anderen Fall, beim Thema *Kinder* sollte man das Leben vielleicht etwas leichter nehmen und flexibler an Aufgaben herangehen, wie auch Kinder sich leichter mit dem Leben im Hier und Jetzt tun als Erwachsene. Dabei ist die jeweilige Wirkung der Energien auf jeden Menschen unterschiedlich, weil sich jeder auf einem anderen Punkt der Lebenslinie befindet. Hat sich beispielsweise jemand schon länger mit einem Thema beschäftigt, wird er anders reagieren als ein Mensch, der damit zum ersten Mal in Kontakt kommt. Nach dem Gesetz der Resonanz, welches besagt, dass sich gleich schwingende Dinge, Menschen und Situationen anziehen, passt jeder Raum zu seinem Bewohner. Man sucht sich, zumeist unbewusst, immer die Situationen aus, die für die eigene Weiterentwicklung wichtig sind und entsprechende Aufgaben bereithalten. Da der Mensch und die Erde ohne Evolution weder denk- noch existierbar sind, strebt die Schöpfung, also alles in der Natur, nach Weiterentwicklung. Ohne diese würde Degeneration einsetzen und diese führt früher oder später stets zum Untergang.

Wie schon durch das Gesetz der Analogie beschrieben, ist die Wirkung im Kleinen wie im Großen gleich, weshalb das Bagua ebenso über einen einzelnen Raum gelegt wird wie über das ganze Haus oder aber auch ein Häuserensemble wie ein Fabrikgelände. Und je nachdem, in welchem Bereich sich etwas ballt oder in einem anderen etwas fehlt, wirkt sich dies auf das Leben und Arbeiten aus. Es lassen sich zumeist Schwerpunkte erkennen, die immer wieder in den unterschiedlichsten Situationen zum Ausdruck kommen. Genauso wie fehlende Bereiche oder Lücken darauf hinweisen, was im täglichen Umgang ausgeklammert oder nicht wahrgenommen wird.

Bei rechteckigen Häusern fällt es leicht, das Bagua einzuzeichnen. Schwieriger, aber äußerst interessant wird es da, wo Häuser von der Norm abweichen, beispielsweise, weil sie aus dem geraden Winkel herausfallen oder einzelne Hausteile durch Material, Form, Höhe oder Ausdruck vom gesamten Haus unterscheidbar werden. In diesen Fällen kommt es auf die Erfahrung und das Fingerspitzengefühl eines Feng Shui Beraters an, wie genau und intensiv die Aussagen für die Bewohner und Nutzer ausfallen.

In der heutigen Zeit ist kaum noch jemand vertraut mit den Zusammenhängen, die es zwischen uns Menschen und unserer Umwelt gibt. Durch den Fortschritt der Technik und die Erweiterung unseres Wissens haben wir den Bezug zu unserer direkten Umwelt oftmals verloren. Oder könnten Sie noch so ohne Weiteres sagen, wie spät es ist, ohne auf Ihre Uhr zu schauen? Menschen früherer Zeiten konnten dies aufgrund ihrer Erfahrung, indem sie sich beispielsweise einzelne Pflanzen angeschaut oder Vögel, Wolken und den Himmel beobachtet haben. Diese Beobachtungen deuteten sie dann aufgrund ihrer Erfahrung und wussten, ob es gleich regnen würde, ob es Zeit fürs Mittagessen war oder wie kalt die Nacht würde. Man war existentiell von diesem Wissen abhängig. Ebenso wusste man instinktiv um die Auswirkungen des eigenen Hauses, der Wohnung oder der Arbeitsstätte. Da wir heutzutage in unserer westlichen Welt kaum noch direkt von diesen Dingen berührt werden, ist uns das Wissen darum im alltäglichen Gebrauch verloren gegangen. Deshalb sind die meisten Menschen sehr erstaunt, wenn sie erfahren, in welchem Umfang das eigene Haus auf das persönliche Leben einwirkt. Dabei ist das räumliche Umfeld quasi wie der Pullover, den wir anhaben. Und entweder lieben wir ihn und kuscheln uns in ihn hinein oder wir tragen ihn, weil es nichts besseres gab. Vielleicht stören wir uns sogar beständig ob seiner unpassenden Form oder weil er kratzt. Die Geschichten, die ein Haus erzählt, können Vergangenes sichtbar werden lassen, die Gegenwart beleuchten und Schritte und Maßnahmen für die Zukunft aufzeigen.

So kann ein fehlender Bereich im Grundriss dazu anregen, sich einem Thema zu nähern und es mit anderen Augen zu betrachten.

Fehlt beispielsweise der *Ehe*-Bereich, so hat dieses Thema bisher im Leben keinen oder nicht viel Raum erhalten. Oftmals zeigen sich dann auch Schwierigkeiten in der Partnerschaft oder mit Polarität. Nun kann man die Erkenntnis durch das Feng Shui dazu verwenden, sich dem Thema *Beziehung* neu zuzuwenden. Auf wen oder was *beziehe* ich mich im Leben? Wie steht es um meine Grenzen, kann ich sie schützen oder sollte ich sie erweitern? Wie steht es um die Ausgeglichenheit in der Beziehung. Kommen beide gleichermaßen zu ihrem Recht? Man kann sich dem Partner neu widmen, den Beziehungsalltag beleben und die Räume dahingehend umgestalten. Jede südwestliche Ecke eines Zimmers lässt sich in Hinblick auf dieses Thema betrachten und gestalten. Vielleicht baut man im Garten in der südwestlichen Ecke einen Sitzplatz für Zwei, von dem aus sich das bisher erreichte in Form des Hauses betrachten lässt.

Eventuell wird man aber auch feststellen, dass es einen Sinn hat, warum ein Bereich im Grundriss fehlt und damit im Leben keinen Raum erhält und ausgeklammert wird. Ist beispielsweise der *Reichtum*s-Bereich nicht im Grundriss enthalten, fehlt die Energie des Handelns im täglichen Leben. Dies bedeutet nicht, dass man passiv das Leben versäumt. Jedoch wird das Leben im Haus dadurch weniger aktiv und eher entspannt verlaufen. Wenn beide Partner im beruflichen Leben sehr aktiv sind und beispielsweise gemeinsam einen florierenden Laden betreiben, kann es angebracht sein, zuhause, im privaten Umfeld nicht ebenso aktiv zu sein. Das Leben dann entspannt genießen zu können, hat mehr

Vorteile als beständig Ziele erreichen zu wollen. So kann also auch ein fehlender Bereich durchaus seinen Sinn haben und im Einzelfall zu einer gesunden Gesamtatmosphäre beitragen.

Der Eingang beziehungsweise die Lage der Eingänge in die Räume ist nicht nur in architektonischer Hinsicht, sondern auch vom Standpunkt des Feng Shui aus ein wichtiger Aspekt für die Befindlichkeit des Hauses und der Räume. Die Energie, mit der eine Sache anfängt, wird diese auch weiterhin formen und entsprechend gestalten. Die Atmosphäre im Raum wird durch den Eintritt genauso nachhaltig geprägt wie das Gebäude selbst durch den Haupteingang beeinflusst wird. Dabei spielt, wie oben beschrieben, zum einen der Bereich eine Rolle, in dem der Eingang liegt. Zum anderen die Art der Lebensenergie, die an dieser Stelle in den Raum hineinströmt. Ist sie aufbauend, gelingt vieles leichter. Andersherum kann stagnierende Energie den Aufenthalt im Raum erschweren oder behindern. Sie kennen auch dieses aus Ihrem Alltag. Da gibt es beispielsweise Ladengeschäfte, in denen immer wieder die Mieter wechseln und andere, die schon seit Jahrzehnten am gleichen Fleck sind und florieren. Betrachtet man die Energie und Art der Eingänge, wird man erkennen können, warum das eine funktioniert und das andere trotz aller Anstrengung nicht.

Grundsätzlich ist es zu empfehlen, einen Eingang so zu legen, dass er aufbauende Energie erhält, weil sich das Leben so leichter gestaltet. Geschehnisse werden dann eher wie ein halbvolles Glas betrachtet anstatt wie ein halbleeres. Das Leben läuft lockerer und es gelingt vieles einfacher. Es wäre allerdings auch hier wieder zu einfach gedacht, wollte man behaupten, nur Eingänge mit aufbauender Energie seien förderlich. Wie stets im Leben kommt es auch hier vor, dass man etwas eher oder nachhaltiger durch Schwierigkeiten lernt, als wenn es wie von allein läuft. So kann es vorkommen, dass eine schwache Energie im Eingangsbereich hilfreich ist, beispielsweise wenn die Art des Unternehmens oder des Bewohners eine langsamere und zurückhaltendere Art des Zugangs erfordert. Nicht jeder Mensch mag im Energiefeld eines *Hoppla, jetzt komm ich!* leben. Und manchmal ist auch die momentane Lebenssituation nicht dazu angetan mit voller Kraft durchs Leben zu pflügen, beispielsweise wenn man ohnehin sehr nach außen gerichtet lebt und sich in Aktivität erschöpft. Von einem zum Handeln anhaltenden Einfluss wäre man dann regelrecht überfordert. Die restriktivere Energie unterstützt hier eher sanft, es etwas ruhiger angehen zu lassen. Ebenso muss jemand, der die Dinge gerne erst einmal beobachtet bevor er handelt, in so einer Situation nicht in Widerstand gehen, um sich gegen die vorwärts gerichtete Energie zu stemmen. Da die Energie durch den Eingang schon von alleine schwächer ist, fühlt er sich von ihr auch nicht angetrieben und gehetzt.

So hat jede Energiesituation ihren Sinn. Indem die Aufgabe erkannt und entsprechend mit Leben gefüllt wird, kann sich auch aus einer scheinbar schwierigen Situation ein Gewinn entwickeln.

Kinder nehmen im Gegensatz zu Erwachsenen Energien noch unverfälscht und ohne Beurteilung wahr. Sie reagieren instinktiv. So hat ein Wechsel des Kinderzimmers stets eine nachhaltige Wirkung auf die Entwicklung des Kindes. Jeder von uns bringt gewisse Anlagen und Interessen mit in dieses Leben und es kann vorteilhaft sein, wenn man möglichst viele unterschiedliche Anreize bekommt. Im späteren

Leben kann man so auf eine Vielzahl von Optionen zurückgreifen anstatt in der immer gleichen Weise zu agieren. Bei Kindern kann man dies fördern, indem durch das Wechseln von Räumen verschiedene Situationen geschaffen werden, in denen sie sich im geschützten Rahmen des Familienlebens zurechtfinden können. Dabei wird nicht jeder Raum für jedes Kind geeignet sein, dies muss im Zweifel immer im Hinterkopf behalten und beobachtet werden. Aber gerade auch Situationen, die scheinbar nur bedingt förderlich aussehen, können die größte Erkenntnis und Entwicklung bieten. Und es bleibt immer wieder Raum für Überraschungen, wenn man feststellt, wie zuträglich und heilsam ein Raum oder Eingang urplötzlich für die Entwicklung des Kindes ist, obwohl man selbst die Situation eher kritisch bewertet hat.

Manch einer lehnt Feng Shui ab, weil er mit den chinesischen Symbolen und Designs nicht viel anfangen kann und auch nicht plötzlich yin-und-Yang-Symbole oder Flöten und Fächer aufhängen will. Dies ist auch nicht nötig, da es auch in unserem Kulturkreis entsprechende Symbole und Gestaltungsformen gibt. Ein Fächer beispielsweise soll die Energie in eine Richtung lenken. Dies wird auch bewirkt, indem man ein Bild aufhängt, dessen Ausrichtung in die gewünschte Richtung zeigt. Dies kann mit einem Bild von Personen geschehen, die in diese Richtung blicken oder einem Vogel, der dorthin fliegt. Andere wiederum zieht gerade die Magie der unverständlichen Zeichen und der expressive Gebrauch von Farben besonders an Feng Shui an. Das Rituelle und Wiederholende, das in unserer Kultur immer stärker verloren geht, ist hier noch spürbar und wirkt entsprechend anziehend. Warum sonst sollten sich auf einmal die Buddha-Bilder und -statuen so gut verkaufen? Und schaden werden sie wohl auch niemandem, allerdings wirken Gestaltungen dieser Art hohl und aufgesetzt, wenn sie zu reiner Dekoration verkommen. Da alles, mit dem wir uns umgeben, auf uns einwirkt, wäre es förderlich, nur Dinge aufzustellen und hinzuhängen, zu denen man einen wirklichen Bezug hat. Bei jemandem, der längere Zeit in China gelebt hat, werden chinesische Gegenstände passend aussehen, während sie in einem urbayerischen oder ostfriesischen Umfeld herausstechen und leicht unpassend aussehen können.

Beispiele zu Aussehen und Wirkung

Jedes Haus hat einen eigenen Ausdruck, der sich aus den beschriebenen Bauformen und Energiesituationen zusammensetzt. Es stellt seine Bewohner und Nutzer damit vor bestimmte Aufgaben. Und ermöglicht ihnen gewisse Chancen der Entwicklung. Dabei bietet jedes Gebäude viele unterschiedliche Themen an, von denen jedoch jeder Mensch nur auf die für ihn wichtigen Hauptaspekte reagiert, die ihn innerlich beschäftigen und mit denen er sich auseinanderzusetzen hat.

Beispielsweise kann man an bestimmten Häusern sowie Wohnungen und Büros ablesen, dass es in diesen vermehrt zu Trennungen kommen kann. Im privaten Bereich geschieht dies dann beispielsweise in Form von Scheidung. Im beruflichen Sektor finden sich hier Firmenauflösungen oder differierende Meinungen in geschäftlichen Partnerschaften, die bis zur Insolvenz führen.

In so einem Haus wird das Thema Polarität überall anzutreffen sein. Der entsprechende Bereich liegt im Südwesten und ist im Feng Shui mit „Partnerschaft" benannt. Hier geht es wie schon beschrieben, um die Auseinandersetzung mit Gegensätzen. Das Aufeinandertreffen zweier Pole kann sich beispielsweise im Dachbereich an den spitzen Winkeln zeigen, mit denen zwei unterschiedliche Dachneigungen zusammentreffen. Oder es findet sich in den Räumen im Südwestbereich ein Bild der ungeliebten, sich stets einmischenden Schwiegermutter oder aber ein sehr stacheliger Kaktus. Oder zwei Geschäftsführer einer Firma besetzen die entgegengesetzt liegenden Räume einer Etage mit ihren Büros. Dies alles sind Hinweise auf die im Haus und den Räumen herrschende

Atmosphäre. Auf Nachfrage wird dies stets überrascht von den Bewohnern oder Nutzern bestätigt, wobei den meisten nicht bewusst ist, dass Mensch und Raum sich gegenseitig so entscheidend prägen.

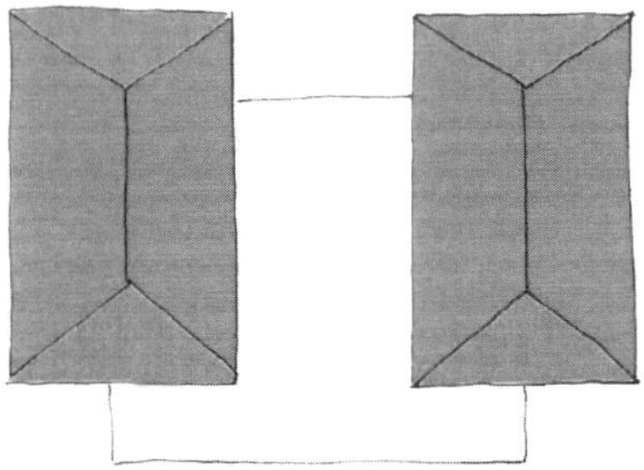

von außen: zwei, innen: ein Haus

Schon an der äußeren Form eines Gebäudes lässt sich das Thema Polarität ablesen, beispielsweise wenn ein Gebäude aus zwei gleichen Teilen besteht, die durch einen mehr oder minder großen Mittelteil miteinander verbunden sind. Früher fand man diesen Typ Haus häufig in Villengegenden, heute auch vermehrt im gängigen Einfamilienhausbau. Dabei sieht das Gesamthaus aus, als ob es aus zwei identischen Häusern besteht, die miteinander verbunden sind und im mittleren Teil zumeist den Eingang haben. Weiter finden sich hier oftmals gemeinsame Bereiche wie Küche oder Wohnzimmer. Das Gesamthaus wird von den Bewohnern als eines genutzt, sieht aber von außen betrachtet aus, als ob jedes Haus für sich alleine stehen könnte. Dabei steht symbolisch je ein Hausteil für einen Partner. Das Gesamthaus zeigt dabei, wie die Partnerschaft angelegt ist: zwei Partner mit gleicher Grundhaltung, die auch ohne den anderen alleine für sich stehen könnten, sich aber entschlossen haben, gemeinsam zu leben. Dies kann in distanzierter Form geschehen, wo die gemeinsamen Interessen gering sind und sich jeder auf sich konzentriert, aber dennoch vom Gemeinsamen profitiert. Hier findet man gemeinsame Auftritte beispielsweise als Society-Paar, die beiden gleichermaßen nutzen. Es kann auch sein, dass zwei unabhängige Partner gleichberechtigt zusammenleben, die ebenfalls das gemeinsame Mehr, gleichzeitig aber innerlich unabhängig bleiben wollen. Die Ausformung und Größe des mittleren verbindenden Teils gibt den Ausschlag, in welcher Art und Weise sich das Verhältnis beider Parteien zueinander ausdrückt. Auffällig ist bei diesem Haustyp, dass fast immer der eine Hausteil eine Spiegelung des anderen Teils ist. Das Thema Polarität und der Umgang mit Grenzen sind bei diesem Haustypus dabei nicht sofort erkennbar, da beide das gleiche Aussehen gewählt haben. Sie bauen darauf, dass der andere sich an die (zumeist unbewusst) vereinbarten Spielregeln hält und bereit ist als einer von Zweien zu leben. Verändert sich jedoch ein Partner, wird die Partnerschaft vor eine Zerreissprobe gestellt. Die beiden identischen Hausteile zeigen, dass die Partner eigentlich gleich sind. Also gleich=berechtigt, gleich=stark, gleich= ... Ist jedoch der Eine stärker als der Andere, stimmt die Symmetrie nicht mehr. Oder verändert sich der eine, müsste der andere sich ebenfalls verändern, damit die Spiegelung noch passt. Geschieht dieses gleichmäßige Verändern nicht, kommt es zu Entfremdung und Trennung. Schwierig kann so ein Haus danach für den verbleibenden Partner werden, wenn er erneut nach einem anderen Lebensgefährten sucht. Eigentlich müsste er jemanden suchen, der ihn spiegelt, also ihm gleicht. Die gemachte Erfahrung der Trennung aber mag ihn daran hindern und so sucht er eher nach einem „schwächeren" Partner, der beispielsweise jünger, unerfahrener, weniger intelligent, reich oder kreativ ist. Er fühlt sich damit sicher. Auf die Dauer wird die Partnerschaft jedoch nicht mit dem Haus harmonieren und es wird zu Reibereien kommen. Reibung erzeugt Wärme. Stete Wärme kann zu Überhitzung und weiter zum Zusammenbruch führen. Es kommt wiederholt zur Trennung. Wird so ein Muster nicht erkannt, kommt es immer aufs Neue zur Paarbildung und Trennung gemäß dem aufgezeigten Ablauf.

L-förmiges Haus

Ein Haus mit dem Thema Polarität kann aber auch eine L-Form aufweisen. Bei der Betrachtung aus Feng Shui Sicht fehlt bei dieser Form ein Teil des rechteckigen Baguas, in diesem Fall der innere Teil des L. Liegt dieser fehlende Bereich im Südwesten, und dies ist in den meisten Fällen aufgrund der Ausrichtung der Terrasse nach Süden so, wird wieder das Thema Partnerschaft und Polarität angesprochen. Nimmt man wieder das Haus als Abbild des Lebens, fehlt also dieser Themenbereich im Leben der Bewohner. Er ist nicht im Inneren enthalten. Das Thema erhält keinen Raum im Haus und damit auch nicht im eigenen Leben. Hierfür kann es verschiedene Ursachen geben. Doch was auch immer der Ursprungsgrund war, das Haus zeigt die gebaute Realität, und in dieser wird das Thema im alltäglichen Leben ausgeklammert. Erhält ein wichtiger Aspekt des (Zusammen-) Lebens keinen Raum, kann er nicht im Licht der Aufmerksamkeit sein und sucht sich oftmals seinen Ausdruck im Schatten. Kümmert man sich also nicht bewusst um seine Partnerschaft, wird sich das Thema auf der unbewussten Seite seinen Weg bahnen und kommt dann oftmals in Form von Streit und Trennung in das alltägliche Leben hinein. Bei der angesprochenen L-Form können die beiden Schenkel auch stark unterschiedlich in Größe und Aussehen sein. Dies deutet auf ein Ungleichgewicht hin, entweder im Verhältnis beider Partner oder aber in der Gewichtung der beiden Pole yin und Yang im Leben, also von weiblich und männlich, von annehmender Passivität und handelnder Aktivität. Unausgewogenheit in der Lebensführung könnte entsprechend eine Folge sein.

Ein weiteres schönes Beispiel für den Umgang mit Polarität zeigt der Haustyp des Energiesparhauses.

Wie der Name schon sagt, will man möglichst viel Energie einsparen beziehungsweise eine hohe Energieausnutzung erhalten. Dies wird erreicht, in dem man das Haus in der Nord-Süd-Achse ausrichtet. Zum Norden hin, aus dem in unseren Gefilden Wind und Wetter kommen, besitzt dieser Haustyp keine Öffnungen, um eben besagte Energie nicht zu verlieren. Zum Süden hin werden große Fensterflächen ein- oder Wintergärten vorgebaut, um möglichst viel Licht und Wärme in das Haus hineinzubekommen. Durch die Ausrichtung nach Süden wird über Solar- und Photovoltaikanlagen auf dem Dach Wärme- und Stromversorgung ermöglicht.

Es entstehen hierdurch Häuser, die auf der einen Seite sehr weit offen sind und auf der anderen Seite komplett verschlossen. Probieren Sie es selbst einmal aus, indem Sie Ihre eine Körperseite so eng als möglich zusammenziehen, als ob Sie ihr Liebstes beschützen möchten und dabei gleichzeitig die andere Körperhälfte weit ausladend öffnen, als ob Sie jemanden herzlich begrüßen möchten. Sie werden feststellen, wie wenig ausgeglichen Sie sich fühlen ... entsprechend energetisch unausgewogen und asymmetrisch gestaltet sich zumeist das Erleben in diesen Häusern.

Energiesparhaus

Ein besonders schönes Beispiel fand ich einmal in einer Zeitschrift. Unter der Überschrift „*Aktiv* wohnen im *Passiv*haus" wurde ein Energiesparhaus gezeigt, dass außen genau diese zwei unterschiedlichen Seiten sehr deutlich zeigte: es besaß unterschiedliche Dachneigungen, so dass die südliche Seite des Hauses eine höher gezogene Dachlinie besaß, während das Dach der Nordseite tiefer herunter gezogen war. Dadurch besaßen die Zimmer im Süden des Obergeschosses keine Dachschräge und es konnten normale Fenster eingebaut werden. Diese bringen zum einen mehr Licht und Wärme ins Hausinnere als Dachfenster und zum anderen öffnen sie das Haus stärker zum Außen hin. Im Erdgeschoss waren auf dieser Seite ohnehin durchgehend Terrassentüren eingebaut. Auf der Nordseite des Hauses fanden sich keine Fenster. Eine Seite des Hauses öffnete sich also so weit wie nur möglich, während die andere sehr verschlossen wirkte. Betont wurde diese Unterschiedlichkeit der beiden Haushälften noch durch die Wahl des Materials der Außenwände. Die südliche Haushälfte war mit Holzbrettern verkleidet, während die nördliche mit Stein verklinkert war. Wie oben schon beschrieben, wirken Holz und Stein unterschiedlich auf unser Empfinden, wobei Holz als der deutlich wärmere Werkstoff empfunden wird. Die eine Haushälfte gen Norden ist also verschlossen, kühl und (in Form des Daches) gut geschützt. Alles Qualitäten, die yin entsprechen, also der hinnehmenden, weiblichen Seite. Entsprechend zeigt die südliche Haushälfte Yang-Qualitäten in Form von Öffnung, Wärme und Helligkeit. Wie Sie an ihrem eigenen Körper feststellen konnten, ist diese Haltung zwischen den Extrempositionen nicht unbedingt entspannend zu nennen. Es ist eine Herausforderung, die es zu meistern gilt.

Spricht man die Menschen darauf an, die sich so ein Haus ausgesucht haben, werden sie zumeist bestätigen, dass es gerade diese Unterschiedlichkeit ist, die das Haus für sie attraktiv sein lässt. Man kann im Zusammenleben vom anderen lernen oder erfährt dort eine Erweiterung und Hilfestellung, wo man selbst nicht weiterkommt. So sind die meisten Paare, die ein Energiesparhaus bewohnen, sehr unterschiedlich in ihrem Wesen. Zumeist ist es so, dass einer der Partner eher introvertiert still und damit nach innen gerichtet ist. Der andere wird entsprechend eher nach Außen orientiert und aktiver sein. Beide Seite ergänzen sich und bilden eine harmonische Einheit, wie sie das yin und Yang Symbol zeigt.

Wie kommt es dann aber dazu, dass ausgerechnet dieser Haustyp auch ebenso zu Trennungen führt? Die Antwort lautet: weil das Wissen um die Polarität des Hauses und die daraus resultierenden Auswirkungen bei den meisten Menschen nicht vorhanden ist und sie einfach nur auf die äußeren Umstände reagieren. Viele Menschen sind Gewohnheitstiere und reagieren oftmals eher abweisend auf Neues, weil dies als Herausforderung empfunden wird. Und die Haussituation so eines Energiesparhauses ist herausfordernd! Die Unterschiedlichkeit nämlich, die eben noch als Gewinn empfunden wurde, kann ebenso zum Verdruss werden. Dann wird nach der ersten Verliebtheit die anfänglich gepriesene Aktivität des einen im Nu als Rastlosigkeit empfunden. Und die ursprünglich wohltuend empfundene Ruhe des Anderen als Trägheit angeprangert.

Dabei ist es wichtig zu verstehen, dass nicht die Haussituation als solches verkehrt ist. Sie bietet einfach nur einen Rahmen, in dem es etwas Bestimmtes zu erfahren gilt. Wie man damit umgeht, bleibt jedem selbst überlassen.

Für Laien ist es oftmals schwer, die gleiche Thematik auf Anhieb in so unterschiedlich aussehenden Häusern oder Grundrissen zu sehen. Oder hätten Sie die Thematik der Polarität in drei so unterschiedlichen Häusern, wie gerade beschrieben, erwartet?

Eine Kundin entschied sich einmal nach einer Begutachtung, dass ihr die Aufgaben nicht gefielen, mit denen sie aufgrund des Grundrisses ihrer Wohnung konfrontiert wurde. Sie war unglücklich und wollte in dieser Art und Weise nicht weiter wohnen bleiben. Also beschloss Sie, sich eine neue, andere Wohnung zu suchen. Aber wie das im Leben nun einmal so ist: wer nicht bereit ist, 1 + 1 = 2 zu rechnen, wird entsprechend auch Schwierigkeiten haben, 10 + 10 = ? auszurechnen, da es sich des gleichen Prinzips bedient. Sie suchte sich also eine neue Wohnung, die ihr gefiel und sich in der Gestaltung und im Grundriss von ihrer bisherigen Wohnung deutlich unterschied. Und dachte, sie wäre den anstehenden Themen entflohen. Die relevanten Themenbereiche, die in dieser neuen Wohnung besonders aktiviert wurden, blieben aber die gleichen wie in ihrer alten Wohnung – trotz eines scheinbar unterschiedlichen Äußeren. Das Universum oder Schicksal lässt sich nicht austricksen. ;-) An dieser Stelle musste die Kundin grinsen und konnte ihre bisherige Wohnung neu betrachten. Sie wohnte noch eine Zeit dort, widmete sich ihren Themen und zog später in eine, nun wirklich, andere Wohnung – mit neuen Themen.

Für eine echte Veränderung gilt es also zu erkennen, was Bewohner eines Wohnraums oder Nutzer eines Arbeitsumfeldes täglich erleben und dieses so zu beschreiben, dass Sie die Situation erkennen können. Räumliche Aspekte in Sprache umzuwandeln bedeutet, die Situation greifbar zu machen. Dafür ist unsere deutsche Sprache hervorragend geeignet, wie Sie bisher schon selbst bei der Beschreibung der Bauelemente erfahren konnten.

Ursachen erkennen und Veränderungen bewirken

Waren Sie schon einmal in der Situation, dass Sie auf eine Gruppe Kinder aufpassen mussten? Eventuell waren Kinder dabei, deren Namen Sie nicht kannten. Dann wissen Sie, wie schwer es war, diese anzusprechen, als Sie ihnen etwas mitteilen wollten. *Du, Junge mit den blonden Locken* ist deutlich wirkungsloser als ihn mit *Tom* anzusprechen. Allein den Namen des Kindes zu kennen, erleichterte Ihnen wahrscheinlich die gesamte Situation.

Können wir jemanden oder etwas mit Namen benennen, erleichtern wir uns den Umgang mit jenem. Einer Sache einen Namen geben zu können, bedeutet, sie greifbar zu machen. Und dies gilt gleichermaßen für Menschen, Situationen, Räume und Aufgaben.

Nomen est omen heißt frei übersetzt so viel wie *Der Name ist Programm.* Wird eine räumliche Situation klar und deutlich beschrieben, quasi beim Namen genannt, erkennt man das Programm, das wirkt.

Und indem eine schwierige Raumsituation konkret benannt wird, ist der Bewohner in der Lage, diese zielgerichtet zu verändern, da er jetzt weiß, an welcher Stelle Probleme bestehen und woher diese resultieren. Er weiß nun exakt, woran er ist und kann im Folgenden direkt und ohne Umwege diejenigen Veränderungen vornehmen, die die von ihm angestrebte Vision Wirklichkeit werden lassen.

Und spart so in dreifacher Hinsicht: er vergeudet keine Zeit mit wirkungslosen Renovierungen, die ohnehin nur ein kosmetisches Handeln an Symptomen sind, ohne die Ursache auch nur annähernd zu treffen. Er spart Geld, welches er nicht für Farben, Tapeten und Möbel ausgibt, die doch keine dauerhafte Veränderung bringen. Und er spart seine eigene Energie, indem er sie nicht bei Renovierungen und Umbauten vergeudet, die letztlich zu keiner Verbesserung führen.

Um diese Einsparungen zu erreichen, muss man sich jedoch zunächst über die Ursachen des Unwohlseins klar werden, um nicht vorwärts zu stolpern nach dem Motto *Hauptsache, es geht voran*. Sodann gilt es, ein großes Ziel zu formulieren, als Ergebnis dessen, was man erreichen will. Dieses kann sofort oder schrittweise erreicht werden, je nach den vorhandenen Ressourcen. Jeder Mensch hat seinen eigenen Rhythmus, in dem er sich wohlfühlt. Und nur, wenn man in der eigenen genehmen Zeit vorwärtsgeht, entsteht Wohlklang. Wichtig ist dabei, dass alle Schritte, die unternommen werden, auf das gleiche Ziel ausgerichtet sind. Das nennt man Zielstrebigkeit: immer wieder die gleiche Entscheidung mit Blick auf das Resultat zu treffen. In diesem Fall auf *ein* Ziel hin, nämlich das anvisierte Endergebnis, den Traum, wie man seine Räumlichkeiten gestalten will. Zusätzlich zu den Einsparungen lebt es sich auf diese Art entspannter, da man sich während der gesamten Zeit der Umbauten sicher in seinen Entscheidungen weiß.

Bei meiner Tätigkeit habe ich immer wieder erlebt, dass es angeraten ist, nicht vorschnell oder subjektiv etwas abzulehnen. Da mag mir eine räumliche Situation unangenehm auffallen, die auch objektiv gesehen wenig Aufbauendes für den Bewohner mit sich bringt oder in seinem Leben bewirkt. Dennoch kann genau dieser Zustand ihm weiterhelfen auf seinem Lebensweg, auch wenn es über Umwege und manchmal nicht ohne Kummer geht. In solch einem Fall ist die Erkenntnis wichtig, wie diese Situation wirkt. Denn so kann der Leidensdruck gemindert und situationsbedingt umgewandelt werden.

Dabei gibt es Konstellationen, die häufig anzutreffen sind und immer wieder für Unruhe sorgen. Hierzu zählen längliche, schmale Räume oder solche, deren Proportionen nicht zueinander passen. Beispielsweise kleine Zimmer mit sehr großer Deckenhöhe oder großflächige Räume mit niedriger Deckenhöhe. Aber auch gegenüberliegende Fenster und Türen sowie umlaufend eingebaute bodentiefe Fenster können einen Raum aus dem Gleichgewicht bringen und die harmonische Möblierung eines Raumes erschweren. In beunruhigend vielen Gebäuden und Wohnungen sind die Proportionen gestört. Dann ist beispielsweise der Zugang zum Wohnzimmer enger und kleiner als der, der zum Schlafzimmer führt. Automatisch wird dieser aufgewertet und zieht dadurch die Aufmerksamkeit von Besuchern unbewusst mehr an. So entsteht Verwirrung durch ein eigentlich geringfügiges Detail. Auch ungünstig abgewinkelte Flure, die sich um Räume herumlegen, verhindern einen klar strukturierten Ablauf, den jeder versteht und an dem sich alle orientieren können. Rundum bodentiefe Fenster lassen ein Haus haltlos erscheinen. Alle diese Situationen wirken als ob sie ein Pferd von hinten aufzäumen würden. Natürlich lässt es sich so leben und viele Menschen leben in dieser Weise, ohne daran zugrunde zu gehen. Aber die aufgezählten Situationen wirken wie kleine Nadelstiche, die auf die Dauer zu großem Unwohlsein führen können. Da der eine dies aufgrund seiner Veranlagung eher bemerkt als ein anderer, wird die Situation unterschiedlich bewertet, das Unwohlsein des einen häufig nicht ernst genug genommen und familiäre Streitereien treten auf. Stellen Sie sich einfach einmal vor, Sie würden jeden Tag ein Hemd oder eine Bluse tragen, die falsch zugeschnitten wären, so dass eine Naht leicht quer verläuft. Wiederholt würden sie das Kleidungsstück zurechtrücken und es abends erleichtert ausziehen. Beim Kauf dachten Sie nur daran, wie schön Farbe oder Schnitt Ihnen stehen würden und Sie freuten sich auf das Tragen. Nun wird es wohl kaum Ihr Lieblingsstück werden, das Sie voller Freude so oft wie möglich tragen wollen, auch wenn Sie sich nicht sofort davon trennen. Ähnlich wirkt ein Wohn- oder Geschäftsraum, der nicht zu einem passt oder schwierige Raumsituationen aufweist. Man arbeitet beständig gegen den Raum an und erschöpft sich ohne greifbaren Mehrwert.

Die eigene gebaute Realität betrachten

Damit Sie herausfinden können, wie Ihr Wohn- oder Geschäftsraum auf Sie wirkt, ist eine gewisse Distanz nötig, um ihn *von außen* anschauen zu können, also so, als ob Sie ihn noch nie gesehen hätten. Dafür gibt es zwei Möglichkeiten, die ich selbst immer wieder gerne nutze:

Eine Methode besteht darin, Photos eines Raumes oder Hauses zu machen und diese dann anzuschauen. Hierbei erkennt man Dinge, die unser inneres Auge ansonsten automatisch wegfiltert, wie beispielsweise Fernseh- und Computerkabel, Flecke im Bodenbereich, Pflanzkübel ohne Übertopf, schwarze Ecken über Heizungen, fehlende oder schmutzige Gardinen und ähnliches. All diese Dinge sind vorhanden, aber da wir uns an sie gewöhnt haben, sehen wir über sie hinweg. Jemand, der unseren Raum jedoch zum ersten Mal betritt, wird diese Dinge immer sehen!

Bei einer Begutachtung kam ich einmal in eine Wohnung und direkt an der Wand gegenüber dem Eingang hingen Zeitungsausschnitte morbiden Inhalts an einer Art Pinwand. Der Kunde selbst sah diese gar nicht mehr, aber jeder Besucher musste sie an solch prominenter Stelle im Wohnraum wahrnehmen. Nun kann man sich vorstellen, dass diese Art des Hineinkommens nicht bei jedermann eine positive Atmosphäre hervorruft. Jedes Accessoire, mit dem wir uns umgeben, hat seine Wirkung auf uns. Also auch, wenn Sie selbst bestimmte Dinge in Ihren Räumen nicht mehr wahrnehmen, entfalten diese ihre Wirkung. Deshalb Obacht bei Skeletten, Waffen und sonstigen Dingen, mit denen landläufig eher Unangenehmes assoziiert wird.

Eine weitere Möglichkeit besteht darin, aufzuräumen, bevor man auf Reisen geht. So hat man die Chance, beim Nachhausekommen bewusst in die Räume hineinzutreten und erstmal nur zu schauen und zu fühlen. Entsteht ein Gefühl der Freude, wenn man nach längerer Zeit endlich wieder bei sich, zuhause, in seinen Räumen ankommt? Fühlt man sich wohl? Worüber kann man sich besonders freuen? Vielleicht fällt auch sofort eine Stelle ins Auge, die einem nicht gefällt. Und eventuell hat man gerade in diesem ersten Moment eine Idee, was man hier verändern könnte. Dieses bewusste erste Ankommen ist jedes Mal besonders schön und wertvoll, weil man die Dinge mit Abstand klarer als sonst erkennt. Zusätzlich kann viel Dankbarkeit aufkommen, wenn man erkennt, wie schön es doch in den eigenen Räumen, und damit im eigenen Leben, ist.

Dabei ist es von zentraler Bedeutung, sich selbst gegenüber ehrlich zu sein. Stehenzulassen, das etwas vielleicht nicht schön ist, *Das Sofa soll noch weg, der Bezug ist durch, aber …* Keine Ausflüchte zu nutzen, *den Übertopf für diese Pflanze gab es nur nicht in der richtigen Farbe*, um Unvollendetes schönzureden. Erst einmal festzustellen, was man da vor sich sieht und warum gerade dies einem auffällt. Und zu erspüren, warum Ihnen etwas eventuell nicht gefällt und wie Sie es gerne verändert hätten. Schauen Sie einmal, ob dies nicht auch auf Ihr Wohnzimmer oder Ladengeschäft zutrifft. Bewerten Sie Ihre räumliche Situation, ohne dabei zu beurteilen. Kein *das ist hässlich*, sondern lieber *mir fällt auf, dass*. Ein Urteil hilft Ihnen nicht, sondern blockiert in den meisten Fällen.

Manchmal brauchen Veränderungen jedoch auch ihre Zeit. Wenn Sie eine Sache bisher scheinbar immer wieder aufgeschoben haben, dann eventuell nicht, weil sie sie hinauszögern wollen, sondern vielleicht deshalb, weil sie insgeheim schon eine Entscheidung getroffen haben, sich diese aber noch nicht eingestanden haben. Die Realität anzuerkennen wie sie jetzt gerade ist, fällt vielen Menschen schwer. Dabei ändert es die Situation kein Stück, wenn man sich wegträumt oder etwas schönredet. Nur dann, wenn man das anschaut, was da ist, lässt sich das Problem erkennen. Und letzten Endes lässt sich nur so eine zufriedenstellende Lösung finden.

Für die räumliche Situation bedeutet das, dass man die Dinge benennt, die einen stören. Also beispielsweise *mir fällt auf, dass mein Schlafzimmer so voll ist. Ich komme nicht zur Ruhe, weil ich ständig unerledigte Arbeit sehe. Der Schreibtisch ist unaufgeräumt und der Bildschirm staubig. Der Haufen mit Bügelwäsche wird auch immer größer und der Kleiderschrank nimmt so viel Raum ein, dass ich das Gefühl habe, zu ersticken. Und eigentlich müsste ich mal aussortieren, was so alles auf dem Schrank und unter dem Bett liegt …*

Eine Situation übrigens, die viele Menschen kennen. Vielleicht können Sie jetzt, mit Abstand zur Situation, erkennen, warum ein Schlafzimmer wie dieses nicht zur Ruhe kommen lässt und als ungemütlich empfunden wird. Was befindet sich alles in dem Zimmer, das eigentlich zum Schlafen da ist? Natürlich das Bett. Dieses sollte im Grunde die Hauptperson des Raumes sein, ist es hier aber nicht. Denn es befindet sich noch allerhand anderes im Raum. Ein Schreibtisch mit Computerarbeitsplatz, überfüllt, vielleicht staubig und zumeist unaufgeräumt. Dazu ein Kleiderschrank, oftmals sogar eine ganze Schrankwand, sechzig Zentimeter tief, über zwei Meter hoch und zwischen einem und drei Meter breit. Darauf diverse Schachteln und Tüten unterschiedlicher Größe und Farbe. Das gleiche unter dem Bett. Bügelbrett, Staubsauger und Wäscheständer in einer Ecke, die Bügelwäsche im Wäschekorb. Das *Schlaf*zimmer ist gleichzeitig *Arbeits*zimmer, *Ankleide*raum und

Ersatzräumlichkeit für *Keller* oder *Dachboden*. Man schläft in einer solchen Situation nicht in einem eigens dafür gestalteten Zimmer, sondern will in einem Multifunktionsraum zur Ruhe kommen. Er wird gleichermaßen für *aktive* Tätigkeiten wie Arbeiten, Bügeln sowie Anziehen als auch für die *passive* Untätigkeit des Schlafens genutzt – und da wundern sich viele Menschen, dass das nicht gelingen will. In diesem Fall nutzt es wenig, wenn man sich neue Möbel kauft, eine andere Farbe an die Wand bringt oder Laminat statt Teppich legt. Hierdurch ändert sich nichts an der Ursache. Die zunächst erzielte Wirkung *ach, sieht das schön aus*, verpufft auch wieder, weil zwar zunächst alles *neu*, aber eben nicht grundsätzlich verändert ist. Und später steht man wieder da, wo man vorher stand.

Nun fällt es manchen Menschen nicht leicht, in dieser Art und Weise Ursachen zu erforschen. Das Beschreiben fällt noch leicht, aber die Einordnung ist es nicht, da das Thema nicht geläufig ist. Hier hilft es, einen Fachmann zu Rate zu ziehen. Es kann aber auch schon mal die beste Freundin oder der beste Freund sein, die einem ehrlich (aber bitte sensibel!) sagen, was sie sehen. Vor allem aber InnenarchitektInnen, Feng Shui BeraterInnen oder RaumgestalterInnen sind zur Hilfe prädestiniert. Hier gilt wie überall im Leben: die *richtige* Person müssen Sie selbst finden. Jemanden, der Ihnen sympathisch ist und der *Ihre Sprache* spricht. Dabei denken Sie daran: jede, aber vor allem eine gute Beratung, hat ihren Preis. Sie investieren dabei *in sich selbst*.

Wenn ich zu einer Beratung zu Kunden komme, lasse ich mir die Räumlichkeiten zeigen und erklären, warum man mich gerufen hat. Schon beim Zuhören kristallisiert sich oftmals die Problematik heraus, da unsere Sprache wunderbar deutlich ist. Schwieriger ist es oftmals, das Denken und den Blick der Kunden aus den gewohnten Bahnen zu lösen und einen neuen Blickwinkel zu geben. Schließlich leben sie tagtäglich in den Räumen und nehmen diese längst nicht mehr im Detail wahr, wie ich es kann, wenn ich die Räume zum ersten Mal betrete und die Atmosphäre noch ungefiltert erfahre. Letztlich kann eine Beratung auch nur so erfolgreich sein, wie Sie als Kunde offen für Neuerungen sind und sich bereitwillig auf andere Ideen einlassen. Da gibt es Menschen, mit denen ist es sehr leicht, Neuerungen zu entwickeln, weil sie agil und flexibel und neugierig sind und sich nicht nur gerne beraten lassen, sondern auch großartige eigene Ideen beisteuern. Und manchmal braucht es eben auch mehrere Durchgänge, wenn Jemand mehr Zeit und Raum braucht, um Vorschläge zu durchdenken und sacken zu lassen. *Chacun a son gôut* heißt frei übersetzt *Jeder soll auf seine Art glücklich werden.*

Am schönsten ist es für mich immer, wenn ich einige Zeit nach einer Begutachtung am Ergebnis sehe, dass meine Beratung nicht nur etwas bewirkt hat, sondern wenn von Kundenseite meine Vorschläge und Ideen weiterentwickelt und neu gedacht wurden. Dann weiß ich, dass ich die ureigene Kreativität im Kunden erwecken oder stärken konnte und er für die Zukunft mehr Motivation hat, sich sein Umfeld ihm gemäß zu gestalten.

Relevante Themen

Zumeist sind es zwei oder drei Raumsituationen, die eine Wohnatmosphäre ungünstig beeinflussen. Alles Weitere ergibt sich aus ihnen, wie beim Domino. Die Struktur eines Raumes, aber auch eines Hauses oder einer Wohnung gibt den Takt vor, wie sich das Leben darin gestaltet. Und wie man sich entsprechend fühlt.

Kommen Sie bei jemandem zu Besuch und haben Schwierigkeiten, den Eingang überhaupt zu finden, ist die Kontaktaufnahme mit den Bewohnern schon gleich von Anfang an nicht optimal. Treten Sie jetzt auch noch in einen Flur hinein, der mit Sachen vollgestellt ist und dadurch unruhig und unüberschaubar wirkt, wird die Kommunikation durch die Situation nochmals erschwert. Vielleicht führen vom Flur auch zwei Türen um ein Treppenhaus oder eine Wand herum in den Wohnraum hinein. Ihre Gastgeber gehen jeweils durch verschiedene Türen, welchem von Ihnen sollen Sie folgen? Oder ein langer Flur trennt das Haus in eine rechte und linke Hälfte wie eine vielspurige Straße es tut.

Schauen Sie einmal, ob es auch bei Ihnen solche Situationen gibt. Oder denken Sie an ähnliche Konstellationen bei Freunden oder Nachbarn.

Gerade die Bereiche, die bei uns gerne als Nebenflächen klein gehalten und mit wenig Aufmerksamkeit bedacht werden, wie Flure, Eingänge, Dielen sowie Verbindungswege, gestalten in einem hohen Maße das Lebensgefühl in einem Wohnraum. Und alles, was hier an ungünstigen Situationen besteht, färbt auf das weitere Geschehen im Haus ab.

Andererseits kann jedoch auch eine Diele so gestaltet sein, dass sie Ankommenden wie Bewohnern ausreichend

Raum gibt für das erste Hallo und den weiteren Weg ins Haus hinein günstig gestaltet. Im besten Fall gliedert sie auch gleichzeitig die nachfolgenden Räume nach Funktion und Wichtigkeit, indem diese durch die Anordnung und Gestaltung der Türen auf- oder abgewertet werden. In den meisten Häusern sehen alle Türen gleich aus, sowohl was das Aussehen als auch die Größe betrifft. Gestalterisch wird zwischen einer Tür ins Wohnzimmer und der in die Gästetoilette oder in den Keller kein Unterschied gemacht. So kommt es in den schlechtesten Fällen schon mal dazu, dass Gäste statt auf dem Weg zur Toilette die richtige Tür zu öffnen, die Tür zum unaufgeräumten Abstellraum öffnen. Missverständnisse dieser Art gibt es zuhauf. Mit einer unterschiedlichen Gestaltung und unterschiedlich großen Türen ließe sich hier schon viel Unklarheit vermeiden. Stellen Sie sich vor, die Durchgänge, die in allgemein zugängliche und wichtige Räume führen würden, wären größer und ansprechender gestaltet. Sofort wäre Ihnen klar, dass Sie als Gast hier willkommen sind und würden sich ohne Nachzudenken bestens zurechtfinden. Bewohnern ergeht es übrigens ebenso, nur ist es ihnen nicht mehr bewusst, da sie sich an die Situation gewöhnt haben.

Schmale, enge Flure beschleunigen unseren Gang und bewirken, dass weder wir, noch die Lebensenergie, die alles durchströmt, hier länger verweilen möchte. Ebenso ergeht es uns mit schmalen Häusern oder Reihenhäusern, die zumeist eine geringe Grundfläche aufweisen. Kaum ist man in ihnen drin, ist man schon fast wieder draußen. Sie bieten wenig Raum zum Ankommen und Entfalten und werden entsprechend weniger zur Ruhe kommen lassen als andere Häuser.

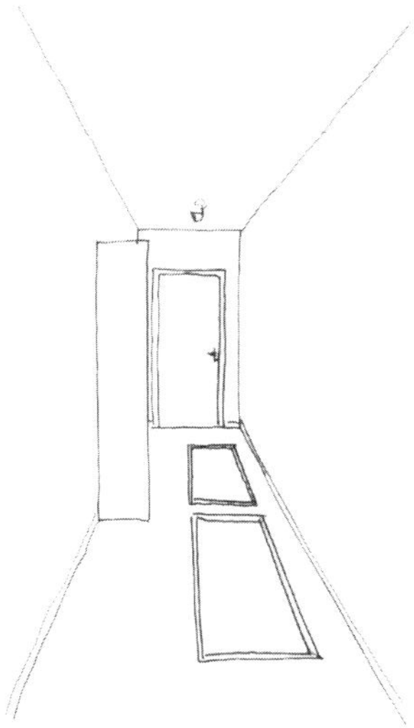

endloser Flur:
zu lang und zu hoch

Ähnlich beschleunigend wirken langgezogene Räume. Im Segelsport heißt es *Länge läuft*. Ein schmaler und enger Raum wird Sie deshalb nie wirklich zur Ruhe kommen lassen. Ist ein Flur länglich geschnitten, verleitet er dazu, durch ihn hindurchzuhetzen. Dadurch kommt man unausgeglichen am anderen Ende in den anschließenden Raum hinein und bringt diese Energie der Unruhe mit sich mit. Und gestaltet damit wiederum die Atmosphäre in diesem Raum ungünstig, ohne dass man sich hier schon länger aufgehalten hätte. Auch Räume, die klein in der Grundfläche, aber sehr hoch gebaut sind, wirken beschleunigend. Sie haben die Form eines Kamins und ziehen, wie dieser den Rauch, die Energie nach oben. In ihnen wird die Raumenergie also nach oben statt durch den Raum hindurch gesogen. Deshalb wird sich auch hier kein Gefühl des Wohlbefindens einstellen.

Moderne Stadthäuser, wie sie zurzeit allerorten gebaut werden, stehen aufgrund der Grundstückspreise zumeist eng beieinander. Damit sie nicht einengend und erdrückend auf die Betrachter und Bewohner wirken, werden sie mit viel Glas gebaut und erscheinen so recht durchlässig und offen. Dabei entstehen teils absurde Situationen, wo man durch die Fenster durch drei Reihen Häuser hindurch schauen kann. Zur Ruhe kann man so schwerlich kommen, da man beständig auf dem Präsentierteller sitzt.

Räumen mit einem größeren Anteil Fensterfläche als Wandfläche ergeht es ebenso. Im wahrsten Sinne des Wortes fehlt ihnen die Festigkeit und so kann der Raum seinen Bewohnern keinen Halt geben. Aus diesem Grund vermitteln auch Räume, die unstrukturiert ineinander übergehen, ein Gefühl der Unruhe. Es fehlt ihnen an einer natürlich empfundenen Ordnung. Diese Unruhe erspüren wir auf einer uns nicht bewussten Ebene und reagieren mit Unbehagen darauf.

Überall um uns herum in der Natur finden wir Ordnung. Der Rhythmus unseres Lebens folgt klar festgelegten Regeln. Tag und Nacht, Winter und Sommer, Geburt, Jugend, Erwachsenenleben und schließlich Tod. Alles folgt einer vorgegebenen Struktur. Verändert sich beständig, ist dabei aber immer im Fluss. Ein Baum wächst jedes Jahr ein Stück in die Höhe, folgt dabei aber stets dem gleichen Muster, seiner Art entsprechend und infolge der Jahreszeiten. Chaos entsteht erst dort, wo gegen die Ordnung angegangen wird und Stauung entsteht. Dies geschieht mittlerweile in unserer Welt auf so vielen Ebenen, dass es uns schon gar nicht mehr bewusst wird. Auf der räumlichen Ebene bewirkt eine fehlende Struktur, dass kein Fluss in unserem alltäglichen Bewegen ist und wir beständig gegen den Raum an arbeiten müssen. Dies kostet

Energie, so dass wir uns erschöpfen und manchmal als Folge krank werden, statt erholt und gestärkt aus unserem Umfeld zu kommen.

So fühlt sich manch einer von seinem Leben überfordert und merkt beispielsweise, dass er nicht zur Ruhe kommt, wenn er in seinem Wohnzimmer sitzt. Automatisch denkt er, es läge an den Möbeln, der Tapete oder den Fenstern. Und übersieht dabei, dass der offene Übergang ins benachbarte Esszimmer Unruhe bewirkt, weil eine klare Zuordnung fehlt und alles ineinander über wabert. Anstatt sich erholen und auch auf einer tieferen Ebene abschalten zu können, ist er unbewusst ständig beschäftigt, die eigene Energie bei sich zu halten. Durch die unklare Aufteilung ist die eigene Energie, in Form von Aufmerksamkeit, ständig dabei, von einem selbst weg zu driften. Dies ist anstrengend und führt selbstverständlich zu keiner Erholung. Erinnern Sie sich an das oben beschriebene Schlafzimmer mit den vielen Funktionen, die es erfüllen sollte. Zuviele Funktionen für einen Raum überfordern ihn und den Menschen, der sich in ihm aufhält. Auf diese Weise kann keine harmonische Atmosphäre gelingen.

Auch Anbauten wie Wintergärten führen oftmals statt der angestrebten Offenheit und Vergrößerung des Wohnzimmers dazu, dass dieses hinterher ungemütlicher wirkt. Man dachte mit der realen Flächenvergrößerung gleichzeitig auch eine Verbesserung der Atmosphäre zu erreichen, nach dem Motto: viel hilft auch viel. Und ist dann ernüchtert, wenn nicht nur dieser Effekt nicht eintritt, sondern die ganze Situation ins Gegenteil umkippt und der Raum unvorteilhafter wirkt als vorher. Dieser Fall kann beispielsweise entstehen, wenn die vorhandene Terrassentür genutzt wird, um den Wintergarten zu betreten. Aus praktischen Gründen und um Kosten zu sparen, wird das Vorhandene genutzt und dabei nicht darauf geachtet, dass Laufwege entstehen, die den Raum ungünstig zerteilen und die Nutzung des ursprünglichen Raumes ebenso erschweren wie die des Wintergartens.

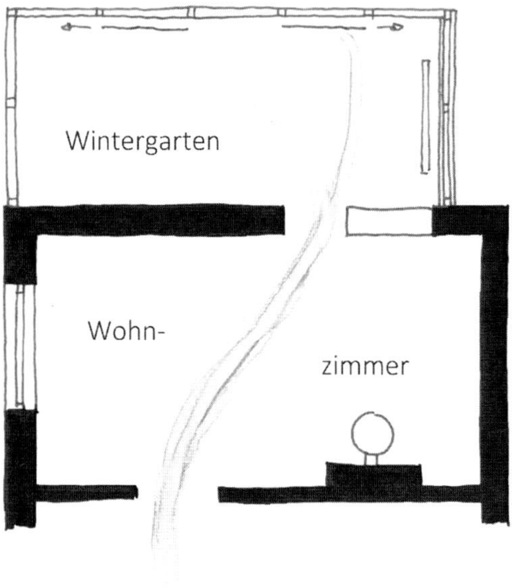

Wohnraum wird durch Laufweg geteilt

So entstehen schwierige Situationen zumeist dort, wo zwar ein Wunsch formuliert wird, dieser jedoch den alltäglichen Zwängen und Gegebenheiten untergeordnet wird. Vorhandene Öffnungen oder Höhen sollen beispielsweise bestehen bleiben und genutzt werden, um die Kosten zu minimieren. Dies ist durchaus sinnvoll, stößt aber auch an seine Grenzen. Nämlich dort, wo es keinen Sinn ergibt, wie oben beschrieben. Dabei wird heute viel zu häufig mit Hinweis auf die Kosten eine tiefgehende und umfassende Betrachtung und Planung verkürzt oder ganz unterlassen. Dabei sollte es für jeden Planenden, aber auch für uns alle wieder eine Selbstverständlichkeit werden, innerhalb der angestrebten und vereinbarten Kosten zu bleiben. Sinnvolle und funktionierende Lösungen sind nicht kostenabhängig. Die Ansprüche an Hochwertigkeit und Qualität von Materialien und Handwerkskunst wohl, niemals aber die Lösung selbst. Unter Umständen müssen Abstriche an Ausführung und Dimensionen sowie bei Gestaltung und Ansprüchen gemacht werden. Wer eine mit Blattgold belegte Wand haben möchte, sollte das nötige Kleingeld haben. Ansonsten muss er mit einer Tapete zufrieden sein, die ähnlich aussieht, aber natürlich nie die gleiche Tiefenwirkung haben wird.

Mit Materialien lassen sich Räume wunderbar optimieren und ansprechend gestalten. Aber natürlich können auch ungünstige Situationen entstehen durch eine falsche Materialwahl. In offen gestalteten Grundgeschossen, in denen Ess- und Wohnzimmer ineinander übergehen, werden die beiden Bereiche oftmals durch unterschiedliche Bodenbelege optisch voneinander abgegrenzt, um ihre Funktion und Größe aufzuzeigen. Da kommt es schon mal vor, dass im Essbereich Parkett oder Teppich verlegt ist, der Wohnbereich jedoch mit Fliesen ausgelegt wurde, da man aus diesem heraus auch auf die Terrasse tritt oder vielleicht sogar über diesen Zugang die Verbindung zwischen Garage und Küche herstellt. Logisch gedacht macht dann im Wohnbereich natürlich ein leicht zu reinigender Bodenbelag Sinn. Gefühlt wäre ein weicherer und gemütlicherer Belag der Erholung jedoch *wesen*tlich zuträglicher. Und ein härterer Belag im Essbereich sinnvoller, da dies der aktivere Bereich ist. Die vordergründigen funktionalen

Bezüge wurden jedoch für wichtiger erachtet und so ist eine unausgewogene Atmosphäre entstanden, ohne dass der Raum überhaupt schon möbliert oder genutzt würde. Weiterhin kann es passieren, dass der offene und großzügige Raum kaum möblierbar erscheint, da Bodenbelege zumeist anhand gerader Linien verlegt werden, wobei markante Eckpunkte bevorzugt werden. Diese ergeben jedoch selten schöne Raumproportionen. Und so erhält der eine Bereich mehr Raum, wo es nicht benötigt wird und der andere weniger, der es großzügiger vertragen hätte. Um diese Unwucht auszugleichen, wäre eine neue Verlegung sinnvoll. Hiervon wird aber wegen der enormen Kosten zumeist abgesehen und Geld eher für andere Dinge ausgegeben. In manchen Fällen lassen sich noch ungewöhnliche gestalterische Lösungen finden, um die durch die Bodenbeläge entstandene Trennung aufzuheben. Beispielsweise kann ein amorph geformter großzügiger Teppich über der Trennlinie beide Bereiche verbinden. Je nach Raumausformung muss auch der Esstisch nicht in dem dafür angedachten Bereich stehen, sondern kann auf diesem Teppich weiter in den Raum hinein gestellt werden. Man sollte jedoch auf jeden Fall überlegen, wie schwerwiegend sich falsche räumliche Proportionen tagtäglich auswirken und die Situation daraufhin bewerten. Und abwägen, was wichtiger ist. Um gegebenenfalls den Boden neu zu verlegen.

Bei einer Begutachtung kann sich ebenso herausstellen, dass durch die Nutzung der Räume ein Ungleichgewicht im Familienzusammenleben entsteht. Dies geschieht beispielsweise, wenn Eltern ein Zimmer weit ab vom Geschehen als Schlafzimmer gewählt haben und eines der Kinder das prominentest-gelegene Zimmer bewohnt. Die Auswirkungen können im Benehmen des Kindes dann von verhaltensauffälligem Gehabe bis hin zu totaler Verweigerung gehen. Ursache dafür ist nicht das Kind an sich, sondern der Raum, den es bewohnt. Er überträgt demjenigen, der ihn bewohnt, die Verantwortung und Macht für die Familie, da er an wichtigster Stelle im Raumensemble liegt. Ein Kind wird hiervon in den meisten Fällen überfordert sein und entsprechend reagieren. Hier ist es wichtig, die Ursache zu erkennen und Abhilfe zu schaffen, in dem man dem Kind die Bürde abnimmt und selbst wieder das Ruder übernimmt. Ein Raumwechsel ist in den meisten Fällen unerlässlich. Der Lohn ist eine entspanntere Familiensituation und eine glücklichere Entwicklung des Kindes, das nun nicht mehr mit einer zu großen Bürde überfrachtet ist.

Gleich = gültig, welche Raumsituation vorliegt und welche Schwierigkeiten dadurch hervorgerufen werden, ist es immer wieder von großer Wichtigkeit, die Ursache zu finden und wahrzunehmen. Ohne die Erforschung, woran es liegt, wenn etwas nicht funktioniert, wird es dauerhaft keine gute Lösung geben können.

Eigene Bedürfnisse statt Mainstream

Für eine Verbesserung ist es zunächst unerlässlich, herauszufinden, wie man selbst gerne leben möchte. Nicht nach außen zu schauen, was empfiehlt mir die Einrichtungszeitschrift, welche Design-Gimmicks finde ich in Fernsehen oder Werbung oder wie ist meine Freundin oder mein Kollege eingerichtet. Innehalten (= Innen anzuhalten) fällt uns heutigen zivilisierten Menschen scheinbar am schwersten. Aber ohne eine echte Be*stand*saufnahme geht es nicht. Und wie das Wort schon sagt: die Aufnahme wird im Stand und nicht in der Bewegung gemacht. Nur so können wir erkennen, was uns zum Wohlfühlen fehlt. Jeder von uns fühlt sich dabei mit etwas anderem wohl. Deshalb macht es auch so wenig Sinn, dem Mainstream zu folgen. Man kann sich selbstverständlich Anregungen im Außen holen. Aber man sollte diese immer wieder in den Kontext des eigenen Lebens stellen. Den eigenen Geschmack wertschätzen und dann den Mut haben, sich selbst zu zeigen.

Wahrscheinlich haben die meisten von uns schon mindestens einmal eine der vielen Sendungen im Fernsehen geschaut, die sich mit Einrichten, Gestaltung und Wohnen beschäftigen. Da werden neben jeder Menge Produktplatzierungen auch oftmals interessante Lösungen und Details gezeigt, die neue Ideen für die eigenen Räumlichkeiten bieten. Allerdings wird bei den Gestaltungsvorschlägen die Persönlichkeit der Bewohner nur höchst selten beachtet und es kommen die immer gleichen Stile wieder und wieder zur Anwendung. Interessant wäre ein Wiedersehen nach einem Jahr – ob die Wohnräume dann immer noch so schön gestaltet aussehen würden? In den meisten Fällen darf dies bezweifelt werden. Gehäkelte Kissen oder aufgestellte Plastikfiguren aus Ü-Eiern passen schlecht zur modern-kubistischen Einrichtung oder in die Hochglanzküche.

Wo gehobelt wird, da fallen Späne. Das Leben, wenn es denn gelebt wird, hinterlässt Spuren. Und zwar überall. Im besten Fall passt die Gestaltung unserer Räume zu unserem Leben und wir setzen eine gemeinsame Patina an. Dann werden auch herumliegende Gegenstände den stimmigen Eindruck nicht stören, sondern Teil der eigenen Lebendigkeit sein. Nur wenn Einrichtung und Gestaltung unsere Sprache sprechen, wird der Gesamteindruck ansprechend sein. Weil Mensch und Raum dann harmonieren. Da kann man bei anderen auch einen Stil oder eine Lebenshaltung sehen, die einem selbst fremd ist. Man erkennt jedoch die Übereinstimmung, die die Menschen und ihre Räume verbindet und spürt die Harmonie, die aus ihnen herausströmt.

Sie als Mensch sind einzigartig. Zeigen Sie dies auch nach außen. Lassen Sie Ihre Wohnung, Ihr Haus so aussehen, wie Sie sich innerlich fühlen. Nur weil der Modegeschmack gerade kühlen Designerchic propagiert, heisst das nicht, dass Holzmöbel überholt sind. Holz ist ein warmer natürlicher Werkstoff und muss weder zwangsläufig im Pippi-Langstrumpf-Charme noch gediegen in Eiche daherkommen, es sei denn, Sie mögen dies. Und wenn Sie Kiefer anstelle von angesagtem Teak bevorzugen, entspricht das wahrscheinlich Ihrem inneren Lebensgefühl. Also bleiben Sie dabei. Schauen Sie für eine Veränderung einfach mal, ob Sie die bisherigen Accessoires noch immer so mögen wie sie bisher waren. Manchmal verändern schon andere Farben oder Stoffe die gesamte Atmosphäre. In der Vergangenheit wurde Kiefer oftmals mit Leinen und Baumwolle, mit beige als Farbe oder karierten Mustern sowie allgemein mit ländlichen Motiven assoziiert. Und wem dies gefällt, der sollte diese Gestaltung beibehalten. Vielleicht möchten Sie jedoch auch einmal den Kontrast ausprobieren. Also Metall und kühle Farben oder sachliche Muster. Die Holztruhe als Solitär in einem ansonsten modernen Ambiente.

Hinterfragen Sie Ihre Gewohnheiten.

Wenn Ihre Nachbarn im Mehrfamilienhaus alle den gleichen Raum als Wohnzimmer gewählt haben, weil er der größte ist, Sie jedoch das geringfügig kleinere, dafür aber deutlich sonnigere Zimmer bevorzugen – nehmen Sie es. Sie werden wahrscheinlich auch ansonsten etwas anders sein als Ihre Nachbarn und jeweils Nuancen im Leben abweichend wahrnehmen. Die Wahl des Wohnzimmers ist dann *ein* Ausdruck dieses Unterschieds.

Wenn Sie ein neues Zuhause suchen und am gefundenen Objekt *eigentlich* alles stimmt, bis auf die kleine funktionale Küche, wo Sie doch so gerne eine Wohnküche hätten, überlegen Sie gut, ob Sie dieses Objekt wirklich nehmen wollen. Gerade Wohnküchenmenschen tun sich schwer, die gleiche Lebensatmosphäre in einem Umfeld herzustellen, das ohne eine großzügige Küche mit Sitzgelegenheiten auskommen muss. Hier geht es nicht einfach nur um den Raum als funktionale Fläche aus Quadratmetern. Es geht um eine Haltung zum beziehungsweise im Leben. Und die reicht weiter als bis zur Flächengröße des Raumes.

Gestatten Sie sich und Ihren Räumen auszusehen wie es Ihnen gefällt. Alles ist erlaubt – wenn es zu Ihnen passt und anderen nicht schadet.

Laufen Sie dabei aber nicht in die Falle, dass alles *besonders* sein muss, möglichst ausgefallen und schrill. Wenn Sie Beamter oder Zahnarzt sind, können Sie selbstverständlich ausgeflippt sein und dementsprechend leben. Sind Sie aber eher solide und bodenständig, darf Ihr Zuhause gerne so aussehen. Es geht nicht um den Schein, sondern das Sein. Und je kongruenter Ihre Räume und Sie sind, je mehr diese zu Ihnen passen, desto wohler fühlen Sie sich darin.

Eine Umgebung, die sie widerspiegelt und im Außen zeigt, wie Sie sind, ist die beste Rückendeckung, die Sie haben können. Sie bietet Ihnen Schutz und lässt Sie im Außen besser dastehen.

Zumeist wissen Menschen auch, was sie mögen und was ihnen widerstrebt. Lediglich der Hype nach *mehr* ... Geld, Ansehen, Macht, Spaß, ... lässt die gesunde Mitte langweilig und öde erscheinen. Niemand will zum Mittelmaß gehören, obwohl es heilsam ist, wenn man nicht von Pol zu Pol schwingt, sondern auch die Mitte halten kann, das Maß der Mitte findet. Aber das fällt zunehmend schwerer, weshalb auch unsere Mittelschicht immer weiter ausdünnt und die Normalgewichtigen zwischen Magersucht und Adipositas schon fast die Ausnahme sind. Meiner Erfahrung nach hat es jeder Mensch in sich, seine eigene Umgebung für sich angenehm zu gestalten. Vielen Menschen ist es lediglich nicht mehr geläufig, auf die eigenen Bedürfnisse oder Wünsche zu achten, also auf das, was sie selbst schön finden. Aus den verschiedensten Gründen ist der Zugang zur eigenen Kreativität und dem eigenen Geschmacksempfinden verschüttet worden. Gibt man diesen Menschen Zeit und Zutrauen sowie etwas kreative Hilfestellung, kommen die meisten von alleine wieder dazu, mit Freude an die Gestaltung ihres Umfeldes zu gehen.

Wenn Sie ein Haus bauen oder kaufen wollen, überlegen Sie als erstes, wie Sie gerne leben. Welches Material finden Sie angenehm, welcher Haustyp spricht Sie emotional an, wo leben Sie gerne, welche Dachform entspricht am ehesten

Ihrer Art. Einige werden jetzt sofort sagen, *Ja, ich habe aber nur ein bestimmtes Budget und kann mir dieses oder jenes ja gar nicht leisten.* Das mag so sein oder nicht, oftmals limitieren wir uns ohne Grund. Sie werden aber letztlich mehr Geld verschwenden in einem Haus, das Ihnen und Ihrer Art zu leben nicht entspricht, weil Sie immer wieder nachjustieren müssen. Deshalb ist es so eminent wichtig, sich am Anfang zu überlegen, wo die Reise hingehen soll. Und sich nicht allein an Kosten zu orientieren. Die kommen so oder so. Ein Badezimmer mit Armaturen und Einrichtung werden Sie allemal einbauen und bezahlen, ob Sie sich vorher die Zeit nehmen und sich Gedanken machen oder nicht. Liegt das Bad aber an der falschen Stelle, hat einen schwierigen Zugang oder sonst ein Problem, werden Sie damit nicht glücklich.

Planung ist das A und O am Bau und Nachträge kosten immer und dann zumeist deutlich mehr …

Natürlich ist es bei einem kleinen Budget nicht möglich, die großzügige Villa in bester Lage mit zehn Schlafzimmern zu bekommen. Aber seien Sie auch hier einmal ehrlich: wollten Sie die auch wirklich beziehungsweise würde diese Ihrer jetzigen Lebenssituation entsprechen? Könnten und wollten Sie dementsprechend leben? Auch wenn ihr Umfeld dazu nicht passt? Sie eventuell Freunde verlieren würden, weil die Lebensumstände zu stark voneinander differieren würden?

Ein jedes Ding hat seine Kehrseite, denn wir leben in einer Welt, die von Polarität bestimmt wird. Ein- und Ausatmen, Tag und Nacht. Für das, was Sie haben wollen, müssen Sie *immer* einen Preis zahlen. Der muss nicht geldlicher Natur sein. Und er muss und sollte nicht schmerzen. Aber zahlen müssen wir alle. Manchmal nicht sofort, dann kommt die Rechnung später und wir können Sie nicht mehr zuordnen. Deshalb überlegen

Sie gut, was Sie wollen und ob Sie bereit und in der Lage sind, den entsprechenden Preis zu zahlen.

Träumen Sie also von dem, was Sie haben möchten und das in Ihrer unmittelbaren Reichweite liegt. Das kann damit anfangen, dass Sie überlegen, welche Himmelsrichtung Sie für die Küche, das Schlafzimmer oder das Wohnzimmer angenehm finden. Die meisten Menschen bevorzugen für die Küche die östliche Ausrichtung, weil die Morgensonne ihnen das Wachwerden zusammen mit dem Duft von Kaffee erleichtert. Vielleicht sind Sie aber ein Morgenmuffel, der nicht frühstückt oder sie gehen schon morgens vor Sonnenaufgang aus dem Haus, kommen dafür aber nachmittags früher nach Hause. Dann wollen Sie Ihre Küche wahrscheinlich eher im Süden oder Südwesten und eventuell lieber als offenen Bereich gestalten.

Wenn Sie Dachschrägen lieben, passt ein Satteldach gut zu Ihnen. Fühlen Sie sich durch die Schrägen aber eher bedrängt, wäre ein Dach im Mansard- oder Flachdachstil für Sie besser geeignet.

Eine Sauna muss auch nicht dringend im Keller untergebracht werden, wenn die räumlichen Gegebenheiten es gestatten, diese auch im Erd- oder Obergeschoss zu platzieren. Die meisten Menschen haben diese räumliche Freiheit jedoch nicht und deshalb ist die Sauna in den Keller gerutscht.

Denken Sie auch nicht nur an die Möbel, die Sie jetzt schon haben und unterbringen wollen, sondern überlegen Sie, wie Sie sich das Nachhausekommen und Leben in Ihrem Haus wünschen. Sicherlich finden Sie es wenig angenehm, sich beim Betreten Ihres Wohnraums in einem engen langen Flur wiederzufinden und sich an Garderobe und Sideboard vorbeizwängen zu müssen. Vielleicht wäre eine geräumige rechteckig-quadratische Diele mitten im Haus möglich, aus der heraus alle Räume verbunden sind. Dabei muss diese weder zwangsläufig vollgestellt noch ungemütlich offen zu allen Seiten sein.

Überlegen Sie, welche Art der Treppe Ihnen gefällt, gerade oder gewendelt, aus Holz oder betoniert und welche Wirkung diese erzielt.

Und natürlich ist Helligkeit schön, aber rundherum Fenster machen ein Haus haltlos. Im Erdgeschoss müssen deshalb nicht überall bodentiefe Fenster sein. Und diese müssen schon gar nicht symmetrisch angeordnet sein. Betrachten Sie Ihr jetziges oder geplantes Haus daraufhin einmal von Außen: die Symmetrie, die im Grundriss so schön aussieht, wird in der Realität oftmals weit weniger wahrgenommen als gedacht. Bewirkt aber eventuell Innen ein Zuviel an Helligkeit und Aktivität in einem Bereich, wo es eher stört.

Nun haben Sie eine teilweise recht detaillierte Vorstellung von dem Haus, das Sie sich wünschen. Bei den meisten Menschen, die nicht im Lotto gewonnen oder geerbt haben, sprengt dieser Traum den finanziellen Rahmen bei weitem. Jetzt geht es daran, wie oben schon angedeutet, den Rotstift zu zücken und zu streichen. Manches lässt sich eben nicht realisieren. Das war Ihnen schon zu Anfang bewusst. Aber durch die Öffnung für Ihre Wünsche ist wahrscheinlich mehr davon in die Planung des Hauses hineingeflossen, als Sie ursprünglich für möglich hielten. Und Sie haben hoffentlich Ihre Prioritäten dabei feststellen können. Wobei ja auch nicht alles, was Sie jetzt durchstreichen, tatsächlich für immer gestrichen sein muss. Zurzeit haben Sie ein bestimmtes Budget, das die wichtigsten Dinge enthält, die unerlässlich für den Bau des Hauses sind. Aber es gibt immer Dinge, die sich jetzt aus finanziellen Gründen nicht realisieren lassen, die aber zu einem späteren Zeitpunkt durchaus noch ausgeführt werden können. Boden- und Wandbeläge, Leuchten, Sauna, Gartengestaltung, Möblierung, aber auch Garage, Energiegewinnung, Armaturen, Griffe und vieles weitere können im Anfang eingespart oder in günstigster Ausführung gewählt werden, um später durch hochwertigere Materialien ausgetauscht zu werden. Auch müssen beispielsweise Bäder nicht komplett gefliest werden und auch wenn man eine Küche für längere Zeit hat, muss es nicht eine im hochpreisigen Segment sein, wenn man dafür mehr Geld an anderer Stelle zur Verfügung haben kann. Setzen Sie Prioritäten – Ihre eigenen! Die können von anderen Menschen inspiriert sein, sollten aber dringend aus Ihnen heraus kommen.

Wie oben schon beschrieben ist es wichtig, *ein* Ziel zu haben, auf das Sie zusteuern. Dann kann es vielleicht Jahre dauern bis alles so ist, wie Sie es sich gedacht haben. Aber Sie werden sehen: Sie kommen an.

Besitzen Sie jetzt ein Haus oder eine Wohnung, die Sie nach Ihren Wünschen umbauen oder umändern wollen, gehen Sie hier genauso vor. Was hat Sie an diesen Räumen angezogen, was gefällt Ihnen und wo finden Sie sich wieder? Bestärken Sie diese Aspekte, damit die Räumlichkeiten immer mehr Ihre Sprache sprechen.

Auch in bestehenden Räumlichkeiten lassen sich häufig schon mit relativ wenig Aufwand neue Strukturen schaffen, die dem ganzen eine andere – Ihre – Atmosphäre geben. Zwei kleinere Räume lassen sich zu einem größeren zusammenlegen, der Eintritt ins Wohnzimmer kann verlegt werden, um den Fluss im Raum zu verbessern. Ein langer Flur kann baulich oder gestalterisch unterteilt und damit verkürzt werden.

Oder Fenster werden verkleinert oder vergrößert, je nach Zielvorgabe. Anbauten sollten auf Ihre Anbindung an bestehende Räume untersucht werden, ob diese dadurch nicht zu Durchgangszimmern und damit ungemütlich werden. Haben Sie größere Umbauten vor, empfiehlt es sich so vorzugehen, als wenn Sie neu bauen würden, also all die angesprochenen obigen Dinge zu überdenken. Oftmals fällt es leichter, ein bestehendes Objekt umzuplanen, weil man schon sehen kann, was nicht funktioniert oder was sich angenehm anfühlt. Im Zweifelsfall sollten Sie bei größerem finanziellen Aufwand aber immer einen Fachmann hinzuziehen, um hinterher nicht vom Ergebnis enttäuscht zu sein.

Zebrastreifen gewohnt und gedreht

In gemieteten Räumlichkeiten kann die Atmosphäre weiterhin deutlich durch kleinere oder größere Gestaltungsmaßnahmen verändert werden. Abgehängte Decken, verkleidete Heizungsrohre sowie Bodenbeläge mit unterschiedlicher Textur oder anderer Ausrichtung als gewohnt lassen Räume ganz neu erscheinen. Dazu müssen Sie sich nur einmal vorstellen, wie unterschiedlich die Wirkung wäre, wenn ein Zebrastreifen auf der Straße nicht wie bisher quer, sondern längs liegen würde optisch staucht oder zieht sich das Bild, je nach Lage der Streifen. Ebenso ändert sich das Aussehen, je nachdem welche Richtung ein Bodenbelag aufweist. Lange schmale Flure können so mit einem Bodenbelag optisch verbreitert werden. Auch eine Unterteilung des Flures ist allein mit dem Spiel verschiedener Richtungen im Boden möglich, so dass er kürzer erscheint als er eigentlich ist. Niedrige oder hohe Decken gewinnen mit geschickter Wandbemalung entweder an Höhe oder werden minimiert. Und auch über die Möblierung lässt sich ein Raum in seiner Ansicht und Struktur optisch verändern, wenn man rhythmisch gestaltet, also entweder eine Raumecke (zwei Wände) oder zwei gegenüberliegende Wände betont.

Hier gilt wie schon zuvor: zuerst ist zu überlegen, welches Ziel Sie erreichen wollen. Um dann flexibel und kreativ eine Lösung zu finden. Versuchen Sie sich dabei frei zu machen von dem, was Sie bisher gelebt oder von anderen als gut gemeinten Ratschlag zu hören bekommen haben. Versuchen Sie neu und aus einer anderen Perspektive heraus zu planen. Lassen Sie Liebgewonnenes los und stellen es auf den Prüfstand. Sie ahnen gar nicht, wieviele Menschen versuchen, ihre Räume zu verändern, ohne am bisherigen Zustand etwas verändern zu wollen. Hier kommt „die Sekunde der leeren Hand" ins Spiel. Wenn Sie beispielsweise einen Apfel in der Hand haben und Sie würden an dessen Stelle lieber die Ihnen angebotene Birne haben wollen, müssten Sie den Apfel loslassen, um die Birne greifen zu können. Sie wissen zwar, dass Sie einen Gegenwert erhalten, aber für eine Sekunde haben Sie nichts, weder den Apfel, noch die Birne. Dies ist die Sekunde der leeren Hand, vor der sich so viele Menschen unbewusst fürchten und deshalb nicht loslassen können. Sie sehen die Birne nicht und befürchten, keinen Ausgleich für das Losgelassene zu bekommen. Je häufiger man aber erfahren hat, dass eine zeitgemäße Veränderung das Leben im Fluss hält und gut tut, um so leichter wird man sich mit Wechsel und Neuerungen tun.

Und manchmal hilft es auch, wenn man einmal von sich selbst zurücktritt oder sich ein „nein, das geht nicht" für den Augenblick untersagt.

Manch einer sagt an dieser Stelle auch: „Ich nehme beide. Den Apfel und die Birne." Was aber passiert dann? Sie haben zwar nichts verloren und mehr als vorher. Die Entscheidung aber ist Ihnen nicht abgenommen. Was von beiden wollen Sie *jetzt* essen? Und selbst, wenn Sie sich jetzt für eines entscheiden und sich das andere für später aufheben, liegt dieses erstmal nutzlos herum und nimmt Ihnen Raum. Oder aber Sie essen beide, dann war das mehr als nötig war. Handeln Sie in dieser Art und Weise häufiger, verdichten Sie oder müllen sich zu. Beides nimmt Ihnen auf Dauer Energie. Analoges geschieht mit unseren Räumen. Das *Mehr* führt letztlich zu einem *Weniger.*

Veränderungen planen

Die bisherigen Ausführungen haben bei Ihnen wahrscheinlich zahllose Bilder hochkommen lassen und im besten Fall haben Sie eine Ahnung, um was es bei Ihnen, in Ihrem Wohnraum oder beruflichen Umfeld, gehen könnte. Oder welche Themen Sie interessieren, über die Sie gerne mehr lernen würden.

Hier setzt jetzt der Punkt ein, wo es interessant wird. Wo es darum geht, eigene Muster und Gewohnheiten, aber vor allem auch den eigenen Ist-Zustand zu erkennen. Zu bestimmten Themen ist es dabei sinnvoll sich professionelle Hilfe einzuholen. So ist es angeraten, InnenarchitektInnen oder ArchitektInnen hinzuzuziehen, wenn es beispielsweise um bauliche Veränderungen der inneren oder äußeren Raumstruktur geht. RutengängerInnen oder RadiästhetInnen sowie Feng Shui BeraterInnen haben jeweils ihre eigene Expertise, die Sie je nach Wunsch einbeziehen sollten. Dabei hat jede Fachrichtung und jedes Gewerk sein eigenes Aufgabengebiet und Sie sollten die jeweils ent*sprech*enden (diese Sprache sprechenden) Fachleute hinzuziehen. Denken Sie daran: Räume, die ohne Sinn geplant werden beziehungsweise entstehen, ohne dass ihnen ein eigener Wert oder eine eigene Funktion zugedacht werden, wirken wie Sand im Getriebe!

Zunächst sollten Sie betrachten, in welcher Lebensphase Sie und Ihre Familie sich befinden. Allen gemeinsam sind Kindheit sowie Adoleszenz. Im Erwachsenendasein wählen manche den Beruf als Schwerpunkt. Andere legen mehr Gewicht auf Partnerschaft oder auch das Leben als Familie, später spielt hier oft der Auszug der Kinder eine Rolle. Gemeinsam sind dann allen wieder das Alter und die Rentenzeit. Dabei hat jede Zeit ihre Besonderheit und fordert auch vom räumlichen

Umfeld jeweils andere Bedingungen. Altengerechtes Wohnen bedarf anderer Voraussetzungen als das beweglichere Leben in der ersten eigenen Wohnung. Mit Kindern zu leben erfordert zumeist mehr Raum für gemeinsame Aktivitäten, während bei Singles oder Paaren oftmals ein Fokuspunkt auf Räumlichkeiten für eigene Tätigkeiten liegt. Der Wunsch danach ist auch bei Eltern vorhanden, doch wird dieser zumeist zurückgestellt und für später aufgehoben.

Als Beispiel dafür diene hier der klassische Wunsch nach einem Nähzimmer. Bei Männern ist es meist der Wunsch nach einer Werkstatt. Solange die Kinder klein sind, wird viel genäht, sei es Kleidung, Ausbesserungsarbeiten oder Bastelsachen für Kindergarten und Schule. Aus Platzgründen lagern die Utensilien in Schränken und Kisten und nach erledigter Arbeit muss alles wieder weggeräumt werden. Man sehnt sich nach einem Raum, der nur für diese Dinge reserviert ist und wo alles liegenbleiben darf. Lange Jahre bleibt die Situation so, bis die Kinder aus dem Haus gehen und ihre Räume frei werden. Nun wird der lang ersehnte Traum wahr und ein Raum endlich zum Nähzimmer umgestaltet. Bei Kinderlosen, die den gleichen Wunsch haben, ist dies der Zeitpunkt, wenn das Einkommen mit fortschreitender Arbeitstätigkeit höher ausfällt und größere Wohnungen oder Häuser finanziell möglich sind. Das Zimmer wird hergerichtet – und dann doch nicht genutzt. Über die langen Jahre des Wartens ist man älter geworden und vielleicht wollen auch die Finger nicht mehr so wie früher. Der Bedarf nach eigener Näharbeit ist meist drastisch zurückgegangen und Kleidung heute sowieso günstiger als je zuvor. Ohne dass man es gemerkt hat, haben sich Wünsche und Prioritäten verändert. Der Traum vom Nähzimmer ist ausgeträumt, aber man hat es nicht gemerkt.

Deshalb wird der Raum kaum genutzt und wirkt entsprechend leblos und wenig gemütlich. Das Zimmer war lediglich noch in der eigenen Gedankenwelt mit Leben gefüllt, allerdings in der Traumwelt der Vergangenheit. Im Hier und Jetzt wird ein Nähzimmer nicht mehr benötigt.

Solche *Vor*-stellungen hat jeder von uns im Kopf. Sie stehen *vor* dem, was ist. Das Beispiel macht deutlich, wie wichtig es ist, sich zuerst Gedanken über den momentanen Zustand zu machen, bevor man an eine Veränderung herangeht. Ein Raum kann noch so schön aussehen, doch wenn er ohne Sinn gestaltet wurde, fehlt ihm die Seele. Er wird niemals lebendig erscheinen und immer Unwohlsein hervorrufen. Wiewohl es durch eine ansprechende Gestaltung geschehen kann, dass er als Sand im Getriebe nicht erkannt wird und dafür ein anderer Ort verantwortlich gemacht wird, wie schon beschrieben. So entsteht der Kreislauf von Renovierung nach Renovierung nach Renovierung, wenn nämlich nicht die Ursache sondern die Auswirkung behandelt wird. Das Grundproblem ist nicht berührt und wirkt somit immer weiter. Solche Bereiche lassen sich in allen Gebäuden finden, gleichgültig ob Neu- oder Altbau, Wohnung oder Einfamilienhaus, ob zur Miete oder im Eigenheim. Zu erkennen sind sie an den von meinem Mann so genannten *Rumsteh-o-maten*. Dies sind Dinge, die an dieser Stelle *rumstehen* und dort nicht wirklich Sinn ergeben. Truhen und Sideboards, gerne mit Dekorationsgegenständen bedeckt, in Ecken, die ansonsten zu leer erscheinen. Sessel in Schlafzimmerecken, wo sich garantiert niemals jemand zum Lesen hinsetzt.

Klassisch auch die Chaiselongue im Mittelbereich von Einfamilienhäusern, mit Vorliebe in Musterhäusern gezeigt. Zwischen dem Esszimmer zur rechten und dem Wohnzimmer zur linken Seite, suggeriert sie an dieser Stelle Entspannung und Großzügigkeit. In Wahrheit aber ist sie an dieser Stelle ein Lückenfüller, gewählt, um die Leere dieses Bereichs zu überdecken. Die wenigsten Besucher halten sich lange genug im Musterhaus auf, um die Sinnlosigkeit an dieser Stelle des Raumes zu entdecken, der im Durchgangsbereich zwischen Haustür und Ausgang zum Garten einerseits sowie Ess- und Wohnzimmer andererseits liegt. Er ist von Wegen durchzogen und praktisch ein einziger Knotenpunkt aus Bewegung und Aktivität. Als solcher benötigt er die Leere, die aber an

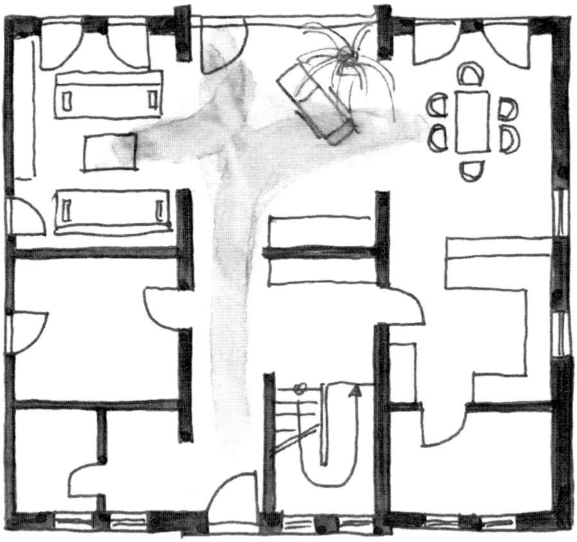

Im Musterhaus: Lückenfüller Chaiselongue

dieser Stelle erkennbar ungemütlich und unwohnlich aussieht und Unbehagen bewirkt. Deswegen werden hier gerne eine Chaiselongue und eine ausdrucksvolle Palme platziert. Reine

Dekoration, da sich an dieser Stelle niemand freiwillig zum Ausruhen hinsetzen würde. Aber erst später im vollendeten Haus spürt man diese Wirkung und versucht nun vergeblich, den Bereich in den Griff zu bekommen. Mit unterschiedlichen Möbeln, schönen Accessoires, tollen Farb- oder Materialspielen an Wand und Boden will man den Bereich beleben. Und kurzfristig erscheint alles schöner und besser. Langfristig bleibt aber das Unbehagen – bis zur nächsten Renovierung und Umgestaltung. Der Grund dafür ist die Entstehung des Bereichs: er wurde ohne eigene Aussage geplant, ist quasi einfach zwischen den anderen Bereichen entstanden. Er ist nicht um seiner selbst willen gewollt, sondern einfach einer Funktion zugeordnet worden, in diesem Fall als direkter Ausgang zum Garten und zur Terrasse. Und hat dadurch nun auch wieder Auswirkungen auf diese, da sie von allen Seiten begehbar ist. Sowohl Garten als auch Terrasse können auf diese Weise sowohl vom Esszimmer, vom Wohnzimmer als auch aus dem Bereich zwischen den beiden Räumen heraus betreten werden. Als Effekt dieser Vielfalt von Möglichkeiten besitzt die Terrasse nun nahezu keinen ruhigen Bereich mehr. Entsprechend wird sich hier auch nur mit viel Aufwand und Stellwänden, Blumentöpfen und Schirmen eine halbwegs ruhige und angenehme Atmosphäre schaffen lassen.

Es ist dabei wie beim Domino. Alles ist mit allem verbunden und eine Aktion hat Auswirkungen auf das gesamte Ensemble. Deshalb ist es gleich von Anfang an wichtig, die eigenen Vorstellungen zu erkennen. Auf den Grund zu kommen, warum wir etwas wollen. Und diese Wünsche mit unserer jetzigen Lebenssituation abzugleichen.

Oftmals stehen wir uns dabei selbst im Wege. Wie oft machen wir etwas einfach nur deshalb, weil es schon immer so gemacht wurde? Wir alle handeln mehr oder minder in der immer gleichen Art und Weise. Vielleicht haben wir es von unseren Eltern so übernommen. Oder es wurde uns anerzogen, vorgelebt oder attraktiv verkauft. Überlegen Sie einmal, ob Ihre Wohnung nicht in der gleichen Weise eingerichtet ist wie die Ihrer Nachbarn. Und damit meine ich nicht unbedingt die Möbel und Accessoires. Sondern die Nutzung der Räume. Bei den meisten Menschen wird der größte Raum als Wohnzimmer genutzt. Die Eltern erhalten das zweitgrößte Zimmer als Schlafzimmer und die Kinder leben in den kleinen Räumen mit acht bis zwölf Quadratmetern. Und das, obwohl die Kinder sich je nach Alter die meiste Zeit des Tages in ihren Zimmern aufhalten, während das Schlafzimmer von den Eltern nur nachts genutzt wird. Bei uns in Deutschland muss wenn möglich jedes Kind ein eigenes Zimmer haben und alle sollen in etwa gleich groß sein. Da wir auch nicht einplanen, alle paar Jahre umzuräumen, bleiben so ja nur die gleich kleinen Räume als Kinderzimmer übrig. Erkennen Sie das Muster wieder? Wenn nicht bei sich, so sicherlich bei Ihren Nachbarn, Freunden, Bekannten und Verwandten.

Wenn Sie Kinder haben oder mit ihnen beruflich umgehen, werden Sie wissen, dass es bestimmte Entwicklungsschritte gibt, die bei allen Kindern gleich sind. Vielleicht durchlaufen sie diese Stufen zu unterschiedlichen Zeiten und Altersstufen, und jedes Kind tut dies auf seine ihm eigene Weise, aber sie alle gehen durch sie hindurch.

Nach der Babyzeit folgt die Zeit als Kleinkind. Diese wird abgelöst von der ersten Schulzeit, der die Adoleszenz folgt.

Diese Phasen im Leben eines Kindes gilt es auch gestalterisch zu thematisieren. Ein Baby benötigt im eigentlichen Sinne noch kein eigenes Zimmer, da es tagsüber zumeist bei den Eltern ist. Eventuell hilft es der ganzen Familie, wenn das Kind alleine in einem Zimmer schläft, so dass alle zur Ruhe kommen können.

Wertvoll wird das eigene Zimmer für das Kleinkind erst danach, vom ersten Laufen bis zur Grundschulzeit. Es trifft sich mit Freunden zum Spielen und dazu kann das Zimmer oftmals nicht groß genug sein. Besonders im Winter kann die geringere Bewegungsmöglichkeit draußen gut kompensiert werden durch ein großräumiges Spielzimmer. Neuerdings gibt es nach skandinavischem Vorbild in manchen Häusern auch eine große gemeinsame Spielfläche im Obergeschoss mit davon abgehenden kleineren Schlafräumen für die Kinder.

Kommt das Kind dann in die weiterführende Schule benötigt es im Allgemeinen weniger Raum als ein Kindergartenkind, das mit seinen Freunden noch intensiv und ausgiebig Höhlen gebaut und mit den diversen Spielzeugen ganze Landschaften erschaffen hat. Meistens fangen hier außerfamiliäre Aktivitäten in Sport- oder ähnlichen Vereinen oder Musikunterricht an.

Und spätestens in der Pubertät verändern sich endgültig die Vorgaben. Ein Teenager braucht recht wenig Platz, da in der Pubertät Grenzerfahrungen gemacht werden wollen und kleine Zimmer aufgrund ihrer engen Wände = Grenzen dazu gut geeignet sind. Eine Schlaf- und Sitzmöglichkeit sowie TV- und Web-Anschluss genügen den meisten Jugendlichen denn auch vollauf.

Kinder wachsen zudem recht schnell aus ihren Kindermöbeln und -farben heraus. Die Möblierung muss also gezwungenermaßen alle Jahre ausgetauscht und an die Größe des Kindes angepasst werden. Warum also sollten sich nicht auch die Räume der Kinder an sich verändern?

So wäre es eigentlich sinnvoll und hilfreich, bis zur Volljährigkeit drei bis vier unterschiedliche Räume bewohnt zu haben, vom Baby und Kleinkind über das Kindergarten- sowie Schulkind hin zum Teenager und jungen Erwachsenen. Schließlich verlangen Sie von Ihrer pubertierenden Tochter ja auch nicht, dass sie im rosa Rüschenkleid losgeht, weil sie es mit drei Jahren so geliebt hat. Und je nach Lage des Zimmers gestaltet sich jede Phase mit neuen Aufgaben für das Kind, eben je nachdem, in welchem Bereich vom Haus oder der Wohnung das Zimmer liegt und wo es seinen Eingang hat. Aus eigener Erfahrung kann ich sagen, dass dies Kindern eine größtmögliche Freiheit gibt, sich so zu entwickeln wie es ihnen zu eigen ist.

Unter energetischen Aspekten wie im Feng Shui betrachtet, wäre ein Zimmertausch nach jeder Phase sogar empfehlenswert, um dem jungen Menschen zu ermöglichen, möglichst viele Facetten seiner Persönlichkeit entwickeln zu können. Jeder Raum besitzt eine eigene Energie durch seine Lage im Haus und seinen Eingang. Im einen Zimmer wird es vermehrt um das Außen und die Kommunikation mit anderen gehen, ein anderer Raum lässt das Kind nach Innen schauen und wieder ein anderer fördert die Einbindung in die Familie und Gesellschaft. Der eine Zugang ins Zimmer fordert eher zum Wettkampf und dem Messen mit Anderen heraus, während ein anderer Raumeingang eine entspannte Grundhaltung schafft und alles leichter gelingen lässt. Bei unserem Kind konnte ich das sehr gut beobachten, weil es in verschiedenen Alterstufen unterschiedliche Zimmer bewohnt hat. Jeder Raum tickte dabei durch seine Lage, seine Größe und die Art des Zugangs unterschiedliche Seiten an und lockte verschiedene Persönlichkeitsaspekte hervor.

Ein erhellendes Beispiel möchte ich Ihnen dazu schildern: in den ersten Grundschuljahren spielte unser Kind bevorzugt Fußball und war am liebsten Torwart. Mit der Tante spielte es einmal in seinem (großen) Zimmer, sie schoss und rief: „Tor!". Woraufhin unser Kind dies erregt verneinte und darauf beharrte, dass der Ball nicht vollständig über die Torlinie gerollt wäre, bevor es diesen zurückgedrängt hätte. Nach dem Umzug in ein anderes Zimmer ergab sich die gleiche Situation etwa zwei Monate später erneut. Die Tante schoss, rief: „Tor!" und unser Kind sagte: „Ja? Okay." – Verblüffung bei der Tante und die Frage, was wir mit unserem Kind gemacht hätten?!? Antwort: nichts im eigentlichen Sinn. Der Umzug brachte andere Energien ins Spiel, vornehmlich die Energie des Eingangs hatte sich grundlegend geändert, von Wettbewerb auf entspannte Leichtigkeit. Und dies war im Verhalten unseres Kind deutlich zu bemerken. Kinder sind zumeist noch unverdorben und reagieren auf vorhandene Lebensenergien spontan und ohne den Filter, den wir Erwachsenen über die Jahre erworben haben.

Am beschriebenen Beispiel wird deutlich, dass Flexibilität in dieser Form des Zimmertauschs den meisten von uns gut tun würde, anstatt in unseren ausgetretenen Pfaden weiterzulaufen.

Bis vor etwa zwei, drei Jahrzehnten richtete man sich noch für ein ganzes Leben ein. Häuser wurden für die Ewigkeit gebaut, und noch heute bauen die meisten Deutschen am liebsten ein Haus aus Stein. Man wohnte am immer gleichen Ort und richtete sich mit langlebigen Möblierungsgegenständen ein, gerne aus Holz, vielfach die stabile und langlebige Eiche. Es galt verbreitet die Haltung *mein Haus, meine Sippe*. Individualität war weniger gefragt, man definierte sich vielmehr über die Gemeinschaft. Seit mehr als zwanzig Jahren verändert sich diese Haltung und wir entwickeln uns mehr und mehr hin zur Individuation. Das Ich wird stärker gewichtet als das Wir. Und somit wird auch der eigene Ausdruck wichtiger als Kontinuität. Deshalb wechseln in der heutigen Zeit die Einrichtungsmoden schneller und kaum einer wohnt längere Zeit ohne zumindest optische Erneuerungen. Und doch bleiben die eingefahrenen Muster erhalten, wie beispielsweise die Wahl der Räume. Dabei wäre die größere Flexibilität der heutigen Zeit hier durchaus von Vorteil.

Seien Sie neugierig und erkennen Sie Ihre Trampelpfade, vor allem natürlich die störenden, denn die gilt es ja zu finden. Um diese dann so zu verändern, dass Ihr räumliches Umfeld Ihre momentane Lebensphase und Ihre Wünsche widerspiegelt und unterstützt.

Betrachten Sie Ihre Wohnung oder Ihr Haus und schauen Sie, ob die Nutzung der Räume zu Ihrer momentanen Lebenssituation passt. An welcher Stelle im Haus stapeln sich immer wieder unerledigte Sachen, obwohl Sie hier stets aufs Neue aufräumen? Fühlen Sie sich im großen Wohnzimmer wohl oder haben Sie es lieber kuschelig-gemütlich? Oder wollen sie vielleicht sogar Wohn- und Fernsehzimmer trennen? Sie fühlen sich bei Ihren Freunden stets so wohl, dass Sie sich kaum losreißen können? Woran könnte dies liegen? Ist es der Einrichtungsstil, die stimmige Atmosphäre, die Größe und Lage der Räume, die außergewöhnliche Nutzung, die Ordnung oder gerade die Lebendigkeit der herumliegenden Kissen und Zeitschriften, die Farben, das Licht ...?!? Werden Sie sich immer wieder aufs Neue darüber klar, was es ist, das Sie sich so wohlfühlen lässt.

Haben Sie nun Ihren Ist-Zustand analysiert, geht es daran, Veränderungen zu planen.

THINK BIG – denken Sie groß. Auch wenn Ihnen zurzeit vielleicht die finanziellen Mittel oder einfach Zeit fehlt, planen Sie im großen Stil. Schränken Sie sich zunächst nicht ein, sondern geben Sie Ihren Wünschen Ausdruck. Der Rotstift wird später angesetzt, um Wunsch und Realität in Übereinstimmung zu bringen. Wenn Sie sich schon von Anfang an einschränken, kann Ihr Traum nicht wahr werden.

Überdenken Sie jeden Raum, stellen Sie fest, was Sie verändern möchten und überlegen Sie, wie es werden soll. Malen, zeichnen und schreiben Sie oder erstellen Sie eine Collage von Ihren Zielen.

Überprüfen Sie dann, was realisierbar ist und was außerhalb Ihrer Möglichkeiten liegt. Manches mag deutlich Ihre kreativen, finanziellen oder technischen Möglichkeiten überschreiten. Dann wägen Sie ab und streichen einiges. Vieles ist jedoch umsetzbar, wenn auch vielleicht nicht sofort. Beispielsweise würden Sie gerne eine Wand neu einziehen, wohnen aber zur Miete. Wenn Sie sich sicher sind, dass Sie längerfristig hier wohnen bleiben werden, fragen Sie Ihren Vermieter, ob Sie diese Wand einziehen dürfen. In den meisten Fällen wird dies genehmigt, mit der Auflage, die Wand beim Auszug eventuell wieder zu entfernen. Dann wägen Sie für sich ab, inwieweit diese Wand für ein verbessertes Wohnklima wichtig ist und entscheiden sich danach, diese zu bauen oder auch nicht. Wenn Sie sich gegen den Bau entschlossen haben, hilft es Ihnen eventuell, anstelle der Wand eine Abtrennung aus Regalen oder Vorhängen herzustellen. Oder die Raumsituation durch andere gestalterische Maßnahmen in unterschiedliche Bereiche aufzutrennen. Erstellen Sie eine Liste Ihrer Wünsche und ordnen Sie Ihre Pläne und Ziele nach Priorität oder Umsetzbarkeit. Sie werden nach Jahren erstaunt sein, wieviel

Sie umsetzen konnten, weil Sie Schritt für Schritt nach Plan vorgegangen sind.

Diese Liste ist Ihre Route und Sie bestimmen, in welcher Zeit und auf welche Art und Weise Sie ans Ziel kommen. Wie schon gesagt, hat jeder Mensch seinen eigenen Rhythmus, mit dem er sich wohlfühlt. Ein Sprichwort besagt: „Wenn du dich gestresst fühlst, bist du Gott [oder dem eigenen Rhythmus, Anmerkung der Autorin] vorausgelaufen." Es ist wichtig und richtig, sich Zeit zu nehmen, um Räume sich entwickeln zu lassen. Nicht immer findet man sofort die optimale Lösung für eine Situation, dann sollte man sich Zeit nehmen und abwarten. Es gibt keinen Zufall, dafür aber jede Menge zu entdecken.

Hierzu ein Beispiel: ich war einmal bei einem in seinen Lebensansichten sehr unterschiedlichen Paar, das in eine kleine Wohnung gezogen war. Sie konnten sich über die Möblierung des offenen Wohn-Ess-Bereiches nicht einigen. Dieser Bereich wurde von einem Oberlicht besonders betont.

Der eine wollte ein Sideboard und Esstisch und Stühle hinstellen, während der andere über diese Art der Möblierung nicht glücklich war und etwas anderes wollte, von dem er noch nicht wusste, was es sein könnte. Für beide war die Situation nicht einfach. Der eine war mit dem Wohnumfeld glücklich und hatte ein Bild, wie es zum Wohlfühlen aussehen sollte. Entsprechend konnte er die Leere dieses Raumes kaum ertragen, während der andere mit der gesamten Wohnsituation noch nicht akklimatisiert war und die angedachte Möblierung als überfrachtend empfand. Er wollte die besondere Situation mit dem Oberlicht nutzen, auch wenn er noch nicht wusste wie.

In dieser Situation gab es kein Richtig oder Falsch. Es galt, die Situation als Ausdruck dessen zu sehen, was sich in der gleichen Art und Weise auch in der Partnerschaft zeigte, nämlich die grundverschiedene Art beider Personen. Die *Situation* wurde durch das Oberlicht quasi *beleuchtet*. Und es ging dabei um weit mehr als lediglich die Gestaltung des Raumes. Wie nicht anders zu erwarten, lag dieser strittige Raum im Südwesten und stand damit für das Thema „Partnerschaft". Die Polarität des Themas zeigte sich in den beiden unterschiedlichen Lebenshaltungen der Partner und im Umgang mit Grenzen beziehungsweise Ausgleich.

Es ging in dieser Situation vornehmlich um den Umgang der beiden miteinander und die ganze Bandbreite an Schwierigkeiten aber auch Potentialen, die in dieser Beziehung steckten. Einfach vorwärtszustreben war keine Lösung. Es galt, den tieferen Sinn zu entschlüsseln. Letztlich werden immer beide Partner verlieren, wenn sich einer durchsetzt. Nur ein gesunder Kompromiss, mit dem beide Partner leben können, bringt dauerhaften Frieden.

Nutzen Sie also immer wieder Spielräume aus, um neue Wege zu finden. Beispielsweise kann man in dieser Situation verabreden, für eine gewisse (abgesprochene) Zeit den leeren Raum zu akzeptieren, um sich in dieser Zeit verschiedene Raumsituationen vorzustellen und genauer herauszufinden, was beide von diesem Raum (und dem entsprechenden Raum in der Beziehung) erwarten.

Vielleicht erkennen Sie hieran schon, wie wenig wichtig in Relation zum Ganzen eigentlich Gestaltung ist. Aber auch, wie wichtig sie sein kann, wenn man das Ganze betrachtet. In diesem Fall ging es um Beziehung und das Verhalten in einer Partnerschaft. Im Verhältnis dazu ist die Gestaltung des Essbereichs eigentlich nebensächlich. Sie bekommt aber Gewicht, weil sie die tieferliegende Problematik auf eine leichter zu behandelnde Ebene bringt. Ohne Bewusstheit allerdings bleibt es oberflächlich und hilft niemandem.

Nun haben Sie also bis hierher herausgefunden, in welcher Lebensphase mit welchen Anforderungen Sie sich gerade befinden und sind eventuell überholten Vorstellungen auf die Schliche gekommen. Sie sehen Ihre Schwierigkeiten vor sich und freuen sich noch mehr über die Lösungen, die Ihre Potentiale hervorbringen und Ihnen nutzen werden. Sie haben vielleicht sogar schon feste Pläne oder zumindest gute Ideen.

Bevor Sie jetzt jedoch noch mehr Möbel oder Platz einplanen, räumen Sie erst einmal aus und trennen sich von Überholtem. Wir alle horten so viele Dinge aus all den gelebten Jahren und benutzen doch so wenig tagtäglich oder mindestens einmal in Jahren. Und stellen uns mit dem Rest freien Raum zum Leben voll. Je mehr wir an Ungenutztem stehen haben, desto unbeweglicher werden wir.

Dabei bin ich kein Freund der These *was man ein Jahr lang nicht in der Hand hatte, sollte man wegwerfen.* Dies kann nur eine Verallgemeinerung sein, die zumindest in meinem Leben noch nie hilfreich war. Viel wichtiger ist es zu fragen, ob man etwas wirklich noch benutzen wird oder vielleicht auch für immer behalten will. Manche Dinge aus der Kindheit will man behalten, für manche Sachen kommt die Zeit immer mal wieder. Aber viele Dinge sind einfach überlebt.

Wichtig ist deshalb, ehrlich zu sein und eventuell auch Träume aufzugeben. Wenn Sie eigentlich immer noch mal Speerwerfen machen wollten, wie in der Schule und wie Ihr Lieblingsonkel, mittlerweile aber sechzig Jahre alt geworden sind, sollten Sie diesen Traum entweder dringend jetzt umsetzen oder ihn aufgeben. Den Speer des Onkels aber weiterhin tief unten im Keller aufzuheben, macht wenig Sinn. Statt noch mehr Oberschränke für die Küche zu kaufen, überlegen Sie lieber, ob Sie wirklich noch alles Geschirr benutzen und ob schränkeweise Vorratshaltung in der heutigen Zeit der langen Öffnungszeiten nicht überholt ist. Auch die Tupperbehälter aus der Kleinkinderzeit können weg, wenn Ihre Kinder aus dem Haus und auch die Enkel schon aus dem Alter heraus sind, selbstgemachtes Eis bekommen zu wollen. Und wenn Sie nicht mehr jede Woche Kuchen backen, kann auch die Tortenform aus der Küche verschwinden und an einem anderen Ort gelagert werden. Sie werden merken: wenn Sie ausmisten und sich von alten Dingen trennen, werfen Sie auch inneren Ballast ab. Und haben so deutlich mehr Raum zum Leben und aktiven Handeln. Sie erhalten im realen wie im übertragen Sinn *Raumfreiheit* und damit kommt wieder Bewegung in Ihr Leben.

Kleine Veränderungen können eine große Wirkung nach sich ziehen. Und letztlich ist es gleich = gültig, wo Sie anfangen, da alles miteinander in Beziehung steht. Fühlen Sie sich beispielsweise innerlich zerrissen und fehlen Ihnen Klarheit und Überblick, können Sie sich entweder hinsetzen und meditieren um innerlich zur Ruhe zu kommen. Wenn Ihnen dazu jedoch die nötige Ruhe noch fehlt, können Sie auch anfangen, Ihre Räume aufzuräumen und zu putzen. Das Ergebnis wird in beiden Fällen das Gleiche sein: Innen und Außen erhalten eine deutliche Klarheit und (wieder-) erkennbare Struktur, die Sie in die Lage versetzt, sich einen Überblick zu verschaffen und ins Handeln zu kommen. Mein Feng Shui Lehrer sagte über diese häusliche Handlung denn auch, dass sie eine „Zen"-Übung sei: Put*zen* ;-) Da alles miteinander in Beziehung steht und gemäß dem Gesetz der Analogie Innen wie Außen sich gleich verhalten, ist es tatsächlich gleich = gültig, wo man anfängt, ob Innen beim Meditieren oder Außen beim Putzen.

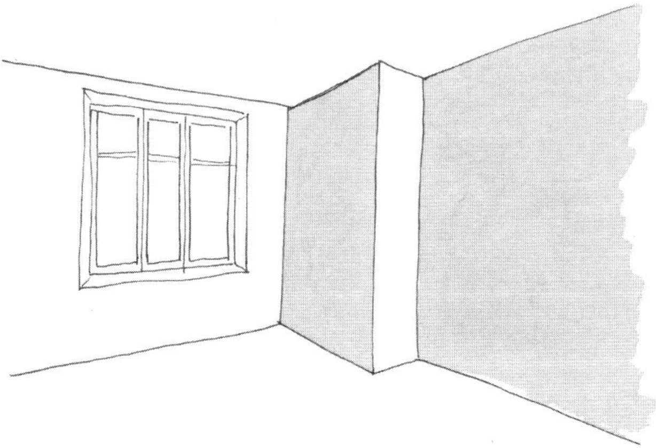

Farbgestaltung bei einem Wandversprung

Situationen, die sich mehr oder minder leicht verändern lassen, gibt es zuhauf. So haben Sie vielleicht einen kleinen aber hohen Raum. Schon mit entsprechender Farbe kann die Höhe eines Raumes optisch gemindert oder vergrößert werden, je nach Bedarf. Die Höhe vergrößern Sie beispielsweise in niedrigen Räumen, indem Sie die Decke und einen umlaufenden Randfries hell streichen und die Wände in einer anderen Farbe. Höhe mindert man, indem man die Decke dunkler streicht als die Wände. Haben Sie eine Decke mit vielen Absätzen, die den Raum unruhig wirken lassen, empfiehlt es sich, die Decke abzuhängen, je nach Raumgröße und Aufwand entweder mit einer abgehängten Decke oder mit Stoffpaneelen. Absätze in Wänden oder Decken lassen sich auch spielerisch einbinden, indem man die Sichtseiten gleichfarbig streicht, die senkrecht dazu stehenden Flächen aber in der Raumfarbe lässt. Es wirkt dann so, als ob die Absätze aus der Wand hervorgefahren sind. Ähnlich lassen sich Deckenversätze gestalten. Solche

Veränderungen bewirken in den meisten Fällen eine Zuordnung innerhalb der Räume und schaffen so Struktur und Klarheit. Dies wiederum bewirkt stets eine Zunahme von Ruhe und hierdurch wird der yin-Anteil bestärkt, wo vorher durch Unruhe und Höhe das Yang im Vordergrund stand.

Das Gleiche geschieht, wenn zu große Fensterflächen geschlossen werden. Wo vorher Ruhe und Halt fehlten, kann nun auf einmal Entspannung einkehren. Bewirken lässt sich auch dies mit mehr oder weniger Aufwand, wobei natürlich auch die Wirkung entsprechend stärker oder schwächer ist. Beispielsweise kann man eine bodentiefe Fenstertür herausnehmen, die ein Zuviel an Bewegung und Helligkeit in den Raum bringt und durch ein normales Fenster ersetzen, wobei der untere Teil aufgemauert wird. Dies bedeutet selbstverständlich einen erheblicheren Mehraufwand an Zeit, Geld und Energie als wenn man das Fenster im unteren Bereich mit blickdichter Folie beklebt. Die Wirkung ist bei beiden Varianten, dass das Außen außen gelassen wird und man nun leichter bei sich im Innen bleiben kann. Beides bewirkt also mehr Ruhe. Das zugemauerte Fenster bietet zudem aber auch einen stärkeren realen Halt, wie Sie sich sicherlich leicht vorstellen können. Entsprechend wird hier auch der Effekt der Beruhigung stärker bemerkbar sein als beim beklebten Fenster.

Ähnliche Effekte gibt es, wenn man überflüssige Türen schließt. Man kann in die Türöffnung einen Schrank einbauen beziehungsweise davor stellen oder aber die Tür zumauern. Gleicher Effekt, aber wieder ergibt sich ein unterschiedlicher Grad an Wirkung.

Wollen Sie zwei Räume zusammenlegen, beispielsweise Küche und Wohnzimmer oder einen neu zu bauenden Wintergarten ans Wohnzimmer anbinden, sollten Sie vorher gut überlegen, was Sie hinterher als Ziel erhalten wollen. Sollen beiden Räume miteinander verschmelzen oder sollen sie zwar verbunden aber dennoch als Einzelräume erkennbar bleiben? Je nach Wunsch muss der Durch- oder Übergang größtmöglich oder eher kleiner gestaltet werden. Wollen Sie die Küche auch weiterhin mehr als abgeschlossenen Raum behalten, kommt für Sie eher eine Art Fenster in Betracht. Dieses kann nun offen oder auch in der Art der früheren Durchreichen zum Verschließen ausgeführt werden. Oder Sie planen einen Einbauschrank auf ganzer Wandbreite mit Durchgangstür ein. Wollen Sie aber eine Wohnküche beziehungsweise ein Raumensemble, das Ihnen alle Freiheiten wie in einem Loft lässt, wird die bestehende Wand zwischen den Zimmern deutlich größer oder eventuell nahezu vollständig entfernt werden müssen. Auch hier muss man gut überlegen, welche Ausführung das gewünschte Ergebnis zutage bringt oder aber einen unerwünschten Nebeneffekt mit sich bringt. Es gilt Laufwege zu bedenken und die Nutzung so naturgetreu wie möglich durchzuspielen. Eine solch immense Neuerung wie eine totale Öffnung bringt zumeist auch deutliche Änderungen für die bisher bestehenden Räume mit sich. So sollten immer auch die bestehenden Fenster und Türen in die Überlegungen mit einbezogen werden. Kommen auf einmal Laufwege hinzu, die unsinnig und gegen den natürlichen Ablauf sind. Oder machen die bisherigen Ausgänge auch weiterhin Sinn? Sie sollten auch bedenken, dass die materielle Öffnung der Räume im Außen immer auch eine Öffnung im Inneren mit sich bringt, sei es nun in Ihnen oder aber im Umgang mit Ihren Mitbewohnern und Besuchern.

Gleichgültig wie groß oder klein, aufwendig oder leicht Ihre Veränderungen ausfallen sollen – eine ehrliche Bestandsaufnahme der Situation sowie eine Erforschung Ihrer Wünsche sollten stets am Anfang stehen und wenn nötig ausreichend zeitlichen Raum erhalten, damit das Ergebnis auch wirklich Ihren Wünschen entspricht.

Lebendige und individuelle Räume schaffen

Räume, die eine angenehme und stimmige Atmosphäre aufweisen, sind entweder individuell auf die darin lebenden und arbeitenden Menschen abgestimmt oder aber sie besitzen Strukturen und Zuordnungen, die harmonisch sind und sofort wahrgenommen werden. Dies gilt sowohl für Privaträume als auch für von der Allgemeinheit genutzte Räumlichkeiten. Dabei sind hiermit nicht nur reale Räume mit Wänden gemeint, sondern auch Erlebnisräume.

„100-Meterlauf für Orientierungslose"
von den Monty Pythons

Acht Läufer stehen am Start, der Starter sagt: „Auf die Plätze, fertig, los!" – und alle laufen in unterschiedliche Richtungen los ;-)

Im Hamburger Hauptbahnhof gibt es eine Nord- und eine Südquerung, wobei die südliche Seite nicht nur von Bahnreisenden genutzt wird, die die Ess- und Ladengeschäfte aufsuchen oder Bahnsteige wechseln, sondern auch häufig als Durchgang von der City zum angrenzenden Stadtteil und den U-Bahnen genutzt wird. Früher herrschte hier ein buntes Chaos von Menschen, die in alle Richtungen strebten, ähnlich dem „100-Meterlauf für Orientierungslose" von den Monty Pythons. Wer es eilig hatte, konnte hier schon mal verzweifelt im Stau stecken bleiben. Die Auflösung dieser für alle

Beteiligten nervenzehrenden Situation brachte eine weiße durchgezogene Linie in der Mitte des Ganges, wie man sie von unseren Straßen her kennt: auf einmal laufen alle, die in eine Richtung wollen, auf der rechten Seite dieser Linie und kommen so stressfreier und schneller voran. Die Zuordnung, *man geht in Deutschland rechts aneinander vorbei,* ist aus einem anderen Erlebnisraum bekannt und wird sofort von allen verstanden und angenommen. Und brachte Klarheit und Entspannung für alle Beteiligten.

Wann immer also Räume Unwohlsein in uns hervorrufen, können wir sicher sein, dass in ihnen etwas nicht stimmig ist. Räume und Situationen, die uns nicht klar sind, verwirren uns auf einer tieferen Ebene und dies empfinden wir als Unwohlsein. Dabei kann das Hinderliche durch die Struktur hervorgerufen werden. Oder durch die Anordnung von Möbeln, Wänden oder Schildern geschehen, ebenso natürlich aufgrund der gewählten Materialien und Farben oder aber durch eine ungünstige Belichtung oder andere Aspekte hervorgerufen werden. Oftmals kann man dies schon daran erkennen, dass die Räume vollgestellt und unaufgeräumt sind. Denn wenn nicht klar ist, was wo *zu*-geordnet ist, entsteht *Un*Ordnung.

Einen Raum kann man deshalb auch durch Ausmisten und *Frei*räumen lebendiger werden lassen, da er so erst einmal in ein gesundes Maß zurückkommt. Die ursprüngliche Bedeutung von „Maß“ bedeutet denn auch „richtige Größe“, wobei diese variabel und für jeden Raum, jeden Menschen und jede Situation verschieden ist. Weshalb es auch nicht angebracht ist, gestalterische Dinge, die wir im Fernsehen oder bei anderen sehen, unüberlegt zu übernehmen. Wir müssen diese immer in *maß*voller, also ange*messen*er Weise in Bezug zu unserem Lebensraum setzen und eigene Lösungen für uns finden.

Ansonsten kopieren wir den Lebens- und Einrichtungsstil anderer und berauben uns dadurch unserer ureigensten Lebenskraft.

Haus im Toskana-Stil

So kann es zwar sein, dass Sie sich bei Freunden sehr wohlfühlen, die ein Haus im Toskana-Stil besitzen, aber dennoch nicht der Italien-Typ sind. Dann können Sie sich zwar ein ebensolches Haus bauen oder Ihren Wohnraum entsprechend einrichten – Sie werden es aber nie so schön und harmonisch hinbekommen wie besagte Freunde. Und immer wieder aufs Neue mit Ihrer Wohnsituation hadern, häufig umdekorieren oder neue Dinge kaufen und letztlich doch nur immer frustrierter werden. Allein aus dem Grund, dass Ihnen beim Besuch bei den Freunden nicht klar war, dass es nicht das Haus und die Einrichtung waren, die Sie angezogen haben, sondern die Harmonie, die Sie gespürt haben. Die ging aber nicht allein von dem Haus und der Gestaltung aus, wie Sie gedacht haben, sondern von der Verbindung zwischen Ihren Freunden als den Bewohnern und *deren* Entsprechung im Außen: dem Haus. Die Harmonie zwischen den Bewohnern und dem Raum hat

Sie angesprochen und eigentlich wollten Sie diese erreichen. Dabei ist Ihnen aber das *Wesen*tliche entgangen, nämlich die Entsprechung zwischen dem Haus und seinen Bewohnern.

Immer dann, wenn etwas unsere Sprache spricht, wenn wir unter unseresgleichen sind, klingt in uns eine Saite an. Wir fühlen uns beim Namen genannt, erkannt und gewürdigt. Das gleiche Gefühl haben Sie mit besten Freunden, dem Traumjob oder Traumurlaub. Sie fühlen sich wohl. Rundherum.

Und dieses Gefühl hatten Sie bei Ihren Freunden. Da diese sich *ihr* Haus gebaut hatten. Und „das" wollten Sie auch. Allerdings war Ihnen nicht klar, dass Sie das Gefühl des Rundherumwohlfühlens wollten und nicht tatsächlich den verspielt-herben Charme eines Hauses im Toskana-Stil. Dieser passt vielleicht nicht zu Ihnen und so haben Sie nun schlicht ein *un*passendes, eben nicht zu Ihnen passendes Haus für sich gebaut. Da können Sie renovieren und ändern so viel Sie wollen, es wird am Ursprung nichts ändern.

An dieser Stelle gilt es zu erkennen, dass Sie umdenken müssen. Entweder können Sie dieses für Sie unstimmige Haus noch so im Ausdruck ändern, dass es annähernd zu Ihnen passt. Oder Sie erkennen, dass ein grundlegend anderer Haustyp für Sie in Frage kommt und Sie sich neu aufstellen müssen. In jedem Fall ist dies ein oftmals schmerzlicher Prozess, der Ihnen aber erst den Weg zu wirklicher Zufriedenheit eröffnet. Dort, wo nicht kopiert wird, ist das Original sichtbar und nur dieses kann wirklich befriedigen. Wer sich mit einer Kopie zufrieden gibt, kann nicht erwarten, die gleichen Empfindungen zu haben wie beim Original. Mut zu sich selbst gehört dazu.

So wie wir uns ständig verändern und wachsen, ist es nur folgerichtig, wenn dies auch in unserer gebauten Umwelt geschieht. Wir alle müssen mit der Zeit, aber eben nicht der Mode(!) gehen. Ein Raum, der sich nicht verändert, wirkt irgendwann leblos, wie in alten Museen. Alles, was nicht benutzt wird und sich nicht bewegt, fängt an zu modern und Gilb anzusetzen. Denken Sie an Geld, das Sie in einer Schublade haben liegen lassen. Wurden die Geldstücke lange nicht angefasst, fühlen sie sich matt und duff an, haben Patina angesetzt und fühlen sich einfach unschön, wie tot an. Ebenso ist es in Räumen. Da kann es in diesen blitzeblank sein, weil immer sauber gemacht wird. Die ungenutzte Atmosphäre jedoch legt sich schwer auf den Raum und die Sachen darin und schon fängt das Unwohlsein an. Ferienhäuser, die wenig genutzt werden, haben denselben Ausdruck und Duft.

Aus diesem Grund ist es auch immer wieder sinnvoll, in den eigenen Räumen liebgewonnene Dinge auszutauschen. Betrachten Sie die Bilder vom Traumurlaub oder vom letzten Museumsbesuch, Mitbringsel, Puppen, Tücher, Teller, Lampen und selbst Blumen und fragen sich, ob Sie diese überhaupt noch sehen und sich an ihnen erfreuen. Oder ob Sie wie ein Museumswärter geworden sind und blind an den Dingen vorbeigehen. Pflanzen können auch nicht weiterwachsen und neu erblühen ohne die alten Blüten und Blätter loszulassen. Die Natur zeigt uns das Spiel von Stirb und Werde jeden Herbst und jedes Frühjahr aufs Neue. Und wie uns beim Wechsel der Jahreszeiten auch abwechselnd Wehmut und Vorfreude befällt, geschieht dies natürlich auch beim Ausräumen und Renovieren. Das ist der Lauf der Dinge, mal ist man oben und mal ist man unten. Wer aber nicht loslassen kann, hat auf die Dauer keinen Raum für Neues und wird langsam immer unbeweglicher und freudloser. Falls Sie sich also beengt, leblos und freudlos in Ihren Räumen fühlen, fangen Sie an, wieder bewusst wahrzunehmen. Entrümpeln Sie und nehmen wieder aufge*räum*t am Leben teil.

Erinnern Sie sich noch an das oben beschriebene Beispiel des überfrachteten Schlafzimmers mit Bett, Arbeitsplatz und Schränken?

Hier haben Sie beispielsweise zwei Möglichkeiten: die bessere wäre sicherlich, das Schlafzimmer von den vielen Funktionen zu befreien. In den meisten Fällen wird dies aber aufgrund beengter Wohnverhältnisse kaum möglich sein. Die Situation ist ja zumeist erst durch die Raumknappheit entstanden. Trotzdem sollten Sie zumindest die Möglichkeit in Betracht ziehen und schauen, ob sie nicht auch im Wohnzimmer, Gästezimmer oder Flur einen (temporär genutzten) Arbeitsplatz besser einrichten können.

Und kreativ meint beispielsweise auch, Gewohnheiten und stillschweigende Agreements zu überdenken. Wenn Sie Ihren Staubsauger mangels Stauraum in Flur oder Küche bisher im Schlafzimmer aufgehoben haben, versuchen Sie auch einmal, einen neuen Platz zu finden, beispielsweise im Wohnzimmerschrank. Besuch wird ungefragt dort nicht nachsehen, warum also sollte das Gerät weiterhin mit all den anderen Dingen im Schlafzimmer Ihren Schlaf beeinträchtigen?

Steht dies aber nicht zur Debatte, gilt es, den Schlafraum zu entfrachten und zu gliedern. Als erstes und wichtigstes bedeutet dies, alle Dinge zu bewerten und entsprechend aufzuräumen oder wegzuwerfen. Danach gibt es je nach Situation verschiedene Möglichkeiten, angefangen von einer weniger aufwendigen Lösung mittels farblicher Raumteilung in Ruhezone und aktivere Bereiche. Und zwar sowohl im Wand- und Deckenbereich als auch mit Hilfe des Bodenbelags. Weiterhin besteht die Möglichkeit der Gliederung mittels Raumteiler oder mit Stoffen und Rollos. Aufwendiger ist der Bau einer individuellen Aufbewahrungsmöglichkeit für Kleidung, Arbeits- und Putzutensilien. Quasi ein großer Wandschrank aus Regalen und Türen bestehend, der die Möglichkeit bietet, unterschiedliche Tiefen zu nutzen und auch Platz für den Staubsauger oder eine Leiter bietet. Zudem benötigt man weitaus weniger tiefen Schrankraum als wir es bisher gewohnt sind. Hier hat das allseits bekannte schwedische Möbelhaus wieder einmal eine Vorreiterrolle übernommen und produziert für die Masse neben dem klassischen Kleiderschrank mit einer Tiefe von sechzig Zentimetern auch solche mit geringerer Tiefe von nur fünfunddreißig Zentimetern. Alles außer Hängesachen wie Kleider, Hemden, Hosen und Mänteln benötigt keine große Tiefe. Viele Räume könnten so deutlich leichter und graziler eingerichtet werden, da eine geringere Tiefe mehr Raumfreiheit bedeutet. Und Ihnen damit, wie Sie gesehen haben, auch mehr Lebensfreiheit bringt.

Letztlich ist es gleich = gültig, wo Sie anfangen, da alles miteinander in Verbindung steht. Ob Sie jetzt handeln und am Raum anfangen zu verändern oder zunächst im Inneren bei sich beginnen aufzuräumen, zu ordnen und neue Ziele zu definieren: beides hängt zusammen und das eine wird ohne das andere nicht vollständig sein. Umzubauen ohne Analyse und Begutachtung der bestehenden Situation bringt in den meisten Fällen nur eine kurzfristige Erleichterung, aber keine zufriedenstellende nachhaltige Wirkung. Bei einer Be*gutacht*ung geht es darum, aufgrund der Wirkung die Ursache zu erkennen. Es wird darauf ge*acht*et, für was es *gut* ist, was es bewirkt, eben auch wenn das Ergebnis sich vielleicht nicht gut anfühlt. Das Erkennen einer schwierigen Situation und die anschließende Neuausrichtung wiederum werden zwangsläufig zumeist eine räumliche Veränderung nach sich ziehen.

Durch das Wegbrechen der alten Strukturen, sei es in Familie oder Beruf, stellen sich heute andere Fragen als noch vor einiger Zeit.

Patchworkfamilien oder Alleinerziehende, die einer Vollzeitbeschäftigung nachgehen, stellen in den Großstädten heute oftmals schon die Mehrheit dar. Gerade in diesen Konstellationen sind harmonische und geordnete Strukturen besonders wichtig, damit jeder seinen Platz kennt und sich innerhalb der neuen Strukturen sicher fühlt. Erhält eines von vier Kindern einer neu zusammenwachsenden Familie aufgrund mangelnder Zimmer auf der gemeinsamen Etage im Obergeschoss beispielsweise seinen Raum im Dachgeschoss des Einfamilienhauses, kann dies dazu führen, dass sich dieses Kind ausgeschlossen fühlt. Selbst wenn es vordergründig zufrieden mit der Situation scheint und die Eltern sich sehr viel Mühe bei der Gestaltung gegeben haben. Es betrachtet die Dinge von einer anderen Warte aus, nämlich höher gelegen, als der Rest der Familie. Und eventuell wird so eine schon vorhandene Unterschiedlichkeit verstärkt. Das Kind entwickelt ausgeprägt andere Einstellungen als der Rest der Familie und wird so nun leicht zum Außenseiter.

Auch Kinder, die ein Zimmer im Erdgeschoss bewohnen, während der Rest der Familie auf anderen Geschossen seine Zimmer hat, werden von der räumlichen Situation geprägt, allerdings wieder auf andere Art und Weise. Wie im zweiten Kapitel beschrieben, stehen die Geschosse auch für Gegenwart, Vergangenheit und Zukunft. Besagtes Kind wohnt in der Gegenwart, während die restlichen Familienmitglieder in Vergangenheit oder Zukunft leben. In der Gegenwart jedoch, also im Erdgeschoss, wird die Verantwortung für die ganze Familie getragen, die nun in diesem Fall dieses Kind zu tragen hat. Es lässt sich leicht nachvollziehen, dass es damit überfordert sein wird. Je nach Persönlichkeit und Charakter wird es sich depressiv zurückziehen und verweigern oder aggressiv nach außen auftreten. In solchen Fällen ist es wichtig für das Kind, aber auch die ganze Familie und Lebenssituation, diese Überforderung zu erkennen. Sie dann abzustellen und neue Strukturen einzuführen, die es allen ermöglichen, gemäß dem eigenen Alter und Stand zu leben. Ähnliches geschieht, wenn Eltern abgelegene Zimmer bewohnen und die Kinder Räume erhalten, die näher am allgemeinen Geschehen oder an exponierter Stelle liegen oder größer sind. Sie übernehmen dann Verantwortung, die andere zu tragen hätten (hier die Eltern) und die die Kinder überfordert, weil das Verantworten hier nicht ihre Aufgabe ist.

Wie im privaten, gibt es auch im Berufsleben förderliche und weniger nützliche Konstellationen. So gibt es den Chefsessel nicht nur im Büro der Geschäftsleitung, sondern auch in Besprechungsräumen und Großraumbüros. Dieser hat den größtmöglichen Überblick über den Raum und gute Rückendeckung. Bleibt in einer Besprechung dieser Platz leer, kann man davon ausgehen, dass keiner in der Runde die Leitung oder Verantwortung übernehmen möchte. Auch die Form des Verhandlungstisches wirkt auf Anwesende ein. Ein eckiger Tisch besitzt zwei Seiten, auf denen sich die Verhandlungsparteien *gegenüber*sitzen. Wie leicht werden sie sich wohl aufeinander zubewegen können? Anders sieht dies bei einem runden Tisch aus. Hier gibt es keine zwei Seiten und so spricht man auch davon, sich zu einer Einigung „an den runden Tisch“ zu setzen.

Ebenso gibt es in Großraumbüros oder Räumen, in denen mehrere Menschen zusammen arbeiten, günstigere und ungünstigere Arbeitsplätze. Die Lage des Schreibtisches, eine gute oder fehlende Rückendeckung sowie die Blickmöglichkeiten sind nur einige Aspekte, die darüber entscheiden, ob man sich auf einem sicheren Platz oder aber dem Schleudersitz befindet. Mussten schon viele Angestellte eine Firma verlassen, die alle auf dem gleichen Stuhl saßen, kann man davon ausgehen, dass dieser Platz kein guter ist.

Paul Watzlawick hat es treffend ausgedrückt mit seinem bekannten Axiom (Grundsatz) „Man kann nicht nicht kommunizieren." Wir alle *äußern* uns ständig und dies nicht nur über Sprache, Körperhaltung, Kleidung, Mimik und Gestik. Jede räumliche Situation erzählt eine Geschichte. Und wir antworten immer darauf. Es mag uns nicht bewusst sein, in welcher Form unsere räumliche Umwelt zu uns spricht und wie uns dies beeinflusst. Es geschieht jedoch immer und zu jeder Zeit.

Um nicht ständig im Streit mit unserer Umwelt zu leben, ist eine gute Kommunikation vonnöten. Im zwischenmenschlichen Umgang ebenso wie im Verhalten zu unserer gebauten Umwelt. Heute haben wir alle Kommunikationsmöglichkeiten der Welt, sind aber nicht mehr in der Lage, mit dem Nachbarn oder Kollegen von Angesicht zu Angesicht eine befriedigende und zielführende Unterhaltung zu führen. Wir „whatsappen" lieber mal eben oder schicken eine Mail. Ebenso ergeht es unseren Städten und Gemeinden, unserer gebauten Umwelt. Wir haben heute ausgefeilte technische Möglichkeiten zu bauen und was fangen wir damit an: es entstehen immer neue kubische Blöcke oder Einheitsbauten, die keinerlei Aussage und Atmosphäre mehr haben. Oder aber architektonische

Kunstwerke, die den Erbauer preisen, aber leider zu oft unbewohnbar sind.

Lebendige Räume zu schaffen, Innen wie Außen, würde unserer heutigen zivilisierten Welt gut zu Gesichte stehen und uns dabei unterstützen, unsere Welt wieder lebenswerter zu machen.

Dabei ist es nicht schwer, lebendige Räume zu schaffen. Wir müssen nur wieder lernen, selbstständig zu denken und uns nicht nur auf Richtlinien und DIN-Normen zu verlassen und immerzu nach Außen zu schielen, woher der meiste Ruhm kommt. Zufriedenheit entsteht mit Räumlichkeiten, die zum Bewohner oder Nutzer passen, die im Außen zeigen, wie er „tickt" und die Schritt halten mit seiner (inneren) Entwicklung. Sie zeigen ein Bild vom Hier und Heute und von der Persönlichkeit, die hier lebt und wohnt und arbeitet. Entstehen können sie dort, wo stimmige und erkennbare Strukturen gegeben sind.

Schlussbemerkungen: Individuelles und gesellschaftliches Gestalten

Bis hierhin haben Sie viele Informationen erhalten. Und nun? Wie kann es weitergehen?

Mein Rat: Lassen Sie sich Zeit! Neue Gedanken und Ideen müssen erst einmal verarbeitet werden. Manch einer kann das recht schnell, aber bei den meisten Menschen braucht dieser Prozess einige Zeit. Erwarten Sie nicht, sofort DIE richtige und einzige Lösung finden zu müssen. Probieren Sie aus, fühlen Sie sich ein und lassen Sie dem Leben Zeit, sich zu entwickeln.

Wir sind mittlerweile, ohne es zu bemerken, alle derartig auf Effizienz ausgerichtet, dass wir selbst in privaten Momenten schnell ans Ziel kommen wollen. Die Pille, die uns schnell wieder gesund macht. Die Diät, die innerhalb einer Woche die Bikinifigur für den Urlaub zaubert. Das Haus, das in drei Monaten gebaut und sofort fertig eingerichtet á la Schöner Wohnen erscheinen muss. Dabei kann jedoch nur Mainstream und Einheitsbrei herauskommen. Individualität braucht Raum und Zeit. Egal, wie schnell ein Künstler beispielsweise ein Bild malen kann – er hat es garantiert schon Tage, Wochen, Monate oder Jahre in seinem Geist mit sich herumgetragen.

Die Schnelllebigkeit unserer Zeit bringt uns bis auf wenige Ausnahmen mehr und mehr dazu, nur noch zu reproduzieren. Ein Rückschritt, den E.W. Heine in seinem empfehlenswerten Buch „New York liegt im Neandertal" treffend beschrieben hat. Trotz aller technischen Fortschritte entwickeln wir uns wieder in die Zeit der Neandertaler zurück. In den modernen rechteckigen Bauten, die wir heute hochziehen, wirken die

Wohnungen wie Höhlen, auch wenn sie noch so hochwertig oder kostspielig gestaltet aussehen. Dies kommt daher, dass wir nur auf Zeitersparnis und Geld achten, um möglichst effizient zu sein. Doch „Jede Art von Kultur braucht ein Mindestmaß an Zeit.", wie Heine bemerkt. Wir hingegen sind Sklaven der Zeit geworden. Trotz aller Erleichterungen der Technik (Haushaltsgeräte, Computer, Maschinen, Handys) sind wir gehetzter als alle Generationen vor uns und haben, zumindestens subjektiv, das Gefühl, weniger Zeit denn je zu haben. Von Muße mag ja schon keiner mehr reden.

Mit all unseren Errungenschaften des Fortschritts gelten wir als Hochkultur, wie in ihrer Zeit die Inkas, Ägypter und chinesischen Kaiserreiche. Auf dem Höhepunkt ihres Daseins verschwanden diese innerhalb kürzester Zeit von der Bildfläche. Fanden sie keinen Ausweg für ihre Probleme? Auch wir sind an einem kritischen Punkt angelangt. Einige sagen, wir hätten ihn schon seit Jahren überschritten. Unsere heutige Kultur ist technisch so hochentwickelt wie noch keine Zeit vor uns. Wir fliegen ins Weltall, können für unterschiedlichste Probleme Lösungen finden und stehen doch so kurz davor, unseren Planeten unbewohnbar zu machen. Dabei ist jedem klar, dass es kurz vor ultimo ist und wir beispielsweise weniger Energie verbrauchen und neue Wege zur Energiegewinnung finden müssen. Ein Wandel muss und wird kommen, da das Yang der Gesellschaft, in Form von Geld und Machtkonzentration, zu übermächtig und einseitig geworden ist. Erinnern Sie sich: wir leben in einer Welt der Polarität und diese strebt immer nach Ausgleich. Deshalb ist es notwendig für jeden einzelnen, aber auch für alle zusammen, dem yin wieder mehr Beachtung und Würdigung zu schenken.

Ein Beispiel aus dem Energiesektor mag verdeutlichen, wie neue Wege aussehen können:

In Neuseeland ist man dabei, aus Scheiße Gold zu machen.

Und zwar im fast wortwörtlichen Sinne: mit Hilfe von Bakterien wandelten Wissenschaftler dort Fäkalien in Treibstoff sowie Wasser mit nahezu Trinkwasserqualität um. Damit erhielten sie Energie und Wasser, die beiden wichtigsten und nötigsten Ressourcen der Zukunft!

So kann eine lebenswerte Zukunft entstehen ...

Doch auch hier haben sich die großen Multiplayer schon eingekauft ... das Yang hat an einer günstigen Lösung für alle wenig Interesse.

Lesenswert:
http://www.daserste.de/information/wissen-kultur/w-wie-wissen/sendung/2008/biosprit-aus-algen-102.html

Beim Thema Raum fängt dies damit an, dass sich nicht stets alles und zuvorderst nur um Geld und sachlich-technische Aspekte dreht. Sowohl von öffentlichen Bauvorhaben über Investorenbauten bis hin zum Bauen von Privathäusern sollte der Sinn des Gebäudes und die reale Nutzung durch den Menschen wieder in den Vordergrund rücken und dieser selbst auch dazu gehört werden. Dazu gehört es, dass die Fachleute (Behörden, Baugesellschaften, Architekten, ...) endlich wieder die Laien (Bauherren, Bewohner, Arbeiter und Angestellte,) und ihre Wünsche wahrnehmen und hören.

In Wohnungsbaukonferenzen mit allen am Wohnungsbau Beteiligten werden die Rahmenbedingungen einer künftigen verdichteten urbanen Metropole besprochen und geplant. Immer häufiger werden auch Anwohner und Interessierte eingeladen, um deren Ansichten zu hören und schon im Anfang mit einzubinden. Verstärkt durch immer mehr Bürgerinitiativen und engagierte Menschen (yin), ist den Planenden klar geworden, dass man die Bewohner einer Stadt oder eines Stadtviertels mit einbinden muss. Doch noch immer stehen die wirtschaftlichen Aspekte im Vordergrund und sind in den Planungsausschüssen durch Vertreter der Behörden, Parteien und Immobilienwirtschaft (Yang) stärker vertreten. Wie jeder schon erlebt hat, wird in Organisationen (Behörde, Wirtschaftsbetriebe etc.) eine andere Sprache gesprochen als im privaten zwischenmenschlichen Bereich. Wer schon einmal auf einer behördlichen Konferenz oder ähnlich strukturierten Sitzung großer Konzerne war, weiß, dass man die besondere Sprache, die dort verbal und nonverbal gesprochen wird, erst einmal lernen muss, um gehört zu werden und etwas bewirken zu können. Es ist ein „Geheimbund", in den man nicht so ohne weiteres hineinfindet. Und oftmals herrscht dort ein Klima der Angst (wie man im Abgas-Skandal um VW zu hören bekam). Normales Sprechen unter Menschen verläuft nach anderen Maßstäben. Weshalb auch die Bestrebungen der Laien oftmals weniger wahrgenommen werden. So wird immerzu am wirklichen Bedarf der Menschen vorbeigeplant, wobei natürlich auch die Rechtsgrundlage vieles begünstigt, was schlichtweg am Bedarf vorbei geht.

Der Klavierkabarettist Bodo Wartke hat dies in seinem sehr schönen Lied „Moderne Architektur" vertont:

„man schaut zum Beispiel einmal nur, auf unsre Nachkriegsarchitektur. Die ist so schön praktisch, und so pragmatisch, jeder Bau groß und grau und quadratisch. Der Sozialismus mag gescheitert sein, in die Architektur fließt er heiter weiter ein. [ ]

Wir brauchen keine opulenten Häuser mehr wie früher mit Stuck und Ornamenten, Nein, ein Gebäude ist heute ideal, wenn es schön billig ist, beliebig und banal. Wozu raffinierte Gemäuer, wer soll die bezahlen, die sind doch viel zu teuer, [ ]

denn unser Baustil ist so herzerfrischend sachlich, so schlicht und völlig frei, von jeglichem altmodischen Schwachsinn, wie Liebe zum Detail, im Zweifelsfalle bauen wir statt nem farbenfrohen Haus, lieber noch n Plattenbau in sattem Grau, was ´n Augenschmaus, [ ]

Oder: Bürogebäude, mit großer Freude, bauen wir dauernd neue klobige Bürogebäude, es gibt ja auch im Grunde nichts was, wir in Deutschland dringender benötigen als das, [ ]

schließlich müssen irgendwo all die Firmen einziehen, die sich überlegen, was wir mit den ganzen leerstehenden Bürogebäuden machen sollen, [ ]

Man erinnere sich nur an das fortwährende Produzieren von Bürobauten und ständig neu ausgewiesenen und steuerlich geförderten Industriegebieten. Deutschland hat schon jetzt zu viel davon, aber immer wieder werden aus finanziellen Erwägungen und Begünstigungen weitere gebaut, während es allerorten an bezahlbarem und lebenswertem Wohnraum mangelt.

Unser „Überleben" in einer immer schneller werdenden und hochtechnisierten Welt wird jedoch auch davon abhängen, wie wohl wir uns in ihr fühlen und ob wir Schritt halten können. Dazu benötigt der Mensch immer wieder Ruhe und Rückzug in sich und seine eigenen vier Wände. Er ist auf eine gut gebaute Umwelt angewiesen, die ihn unterstützt und nicht noch mehr anstrengt und auslaugt.

Doch sowohl national als auch global sind wir zurzeit auf dem Weg in eine zweigeteilte Gesellschaft: hier die „Gewinner", einige wenige, die alle Macht, Entscheidungskraft und alles Geld bei sich konzentrieren. Und dort die „Verlierer" (der Globalisierung), die Masse, die den Luxus der Elite bezahlt. Eine solche Situation wird im Musical „Metropolis" stilisiert gezeigt, welches in den 1980er Jahren in London gespielt wurde. Unten arbeiten die „Worker" ohne Unterlass, ohne natürliches Licht und ohne, dass auf menschliche Bedürfnisse geachtet wird an Maschinen, die mit ihrer Energiegewinnung das Leben der „Elitisten" oben überhaupt erst ermöglichen. Dieser Status Quo bleibt so lange erhalten bis ein Tropfen das Fass zum Überlaufen bringt und die Ausgebeuteten rebellieren und aufhören zu arbeiten. Die Welt bricht zusammen und nur einige wenige Arbeiter überleben das Chaos. Das Sujet zeigt, dass hochentwickelte Technik dem Menschen nichts bringt, wenn er nicht auch für menschenwürdiges Leben – und zwar für alle – sorgt. Dazu gehören Luft zum Atmen –

und das nicht nur in biologischer Hinsicht, sondern auch in architektonischer Hinsicht.

Unsere Städte ersticken an zuviel Menschen. Wenn zu viele auf engem Raum zusammenleben, ohne ausreichend Raum zu erhalten, entstehen einerseits Aggressionen, die sich nach Außen entladen in Form von Nachbarschaftsstreitereien und Gewalt. Andererseits zeigt sich das Zuviel an Stimulation und Menschen in Form von Depressionen und sonstigen psychischen Auffälligkeiten, die sich aufgrund der Überforderung nach Innen richten.

Diese Zerrissenheit begleitet uns alle, gleichgültig, wo wir leben und was wir machen. Sie ist in unserer Zeit unausweichlich zu spüren und verunsichert zunehmend. Deshalb wollen so viele wieder zurück zum Alten. Es mag nicht besser gewesen sein, aber es ist vertraut. Engere Gesetze und Vorschriften entstehen aus dieser Geisteshaltung heraus. Sie vermitteln oftmals ein trügerisches Gefühl der Sicherheit, ersticken letztlich aber Kreativität und Eigenverantwortung. Und nur mit diesen beiden sind Erneuerung, Fortschritt und Evolution überhaupt möglich. Man denke nur einmal zurück an die Zeit nach 1945, als der Krieg vorbei war. Ohne Improvisation ist damals nichts vorwärts gegangen. Man musste aus allem das Beste machen und nehmen, was gerade vorhanden war. Heute ist alles konfektioniert, von Bastelmaterialien bis hin zum Essen: um ein perfektes Ergebnis in kürzester Zeit zu erhalten, sind alle nötigen Materialien samt der dazugehörigen Anleitung schon zusammengestellt und wir brauchen nur noch zu konsumieren. Sicher, das Ergebnis ist wahrscheinlich ansprechender als die mühseligen Versuche, Weihnachtssterne selbst herzustellen oder beim Kochen Gewürze selber auszuprobieren. Aber das Aha-Erlebnis bleibt aus und die Erinnerung, wann dieser krakelige Stern vom Kind gebastelt wurde, ist sicherlich schwächer.

Sich von Einrichtungsideen in Möbelhäusern und Zeitschriften sowie Fernsehsendungen inspirieren zu lassen, möchte heute bestimmt keiner mehr missen. Aber eigen und ausdrucksstark wird es erst, wenn man die gezeigten Dinge adaptiert, neu zusammenstellt und mixt – zum unverwechselbaren eigenen Ausdruck.

Wir alle haben vielleicht nicht immer das Gefühl, unbedingt eine Wahl oder echte Entscheidungsmöglichkeiten zu haben, um größere Veränderungen herbeizuführen. Aber jeder kann sich einsetzen. Vor allem natürlich jene, die in der Immobilienwirtschaft arbeiten, sich mehr auf das wirklich Wichtige zu konzentrieren und auch mal unbequeme Fragen zu stellen. Und nicht nur nach finanziellen Aspekten zu planen und zu bauen. Politiker und politisch Interessierte, indem sie darauf achten, welche Vorgaben sie für Bauprozesse erstellen. Privat Bauende, die nicht so einfach wie möglich alles von der Stange und günstig, günstig nehmen, sondern mehr Eigeninitiative zeigen. Und natürlich wir alle. Nehmen Sie sich selbst wieder wichtig, mit allen ihren Vorlieben und Ideen. Zeigen Sie sich im Außen in ihren Räumen.

Höher, größer, weiter, schneller ... unser blauer Planet ist endlich, es gibt nicht *mehr* von ihm. Achten wir also auf ihn und uns. Dazu gehört ein gesunder Umgang mit unserer unbebauten und bebauten Umgebung. Jeder von uns kann und sollte sich einbringen. Ob er nun Architekt, Städteplaner, Maurer oder einfach nur Bewohner ist. Jeder zählt!

Anhang

Die Geschichte des Fahrstuhls, Andreas Bernard, ISBN 978-3-596-17348-8, Fischer Taschenbuch Verlag, S. 77 f. 55

Fraunhofer-Institut für Bauphysik, Forschungsgruppe „Menschen in Räumen", Architekturpsychologin Prof. Dr. Lioba Werth; Spiegel Online vom 19.08.2013. 73

„Aktiv wohnen im Passivhaus", UNSER günstig gebautes HAUS, 1-3/ 2004, S. 4 ff, Zeitschrift. 106

Paul Watzlawick, 1. Axiom: *„Man kann nicht nicht kommunizieren, denn jede Kommunikation (nicht nur mit Worten) ist Verhalten und genauso wie man sich nicht nicht verhalten kann, kann man nicht nicht kommunizieren."* 172

„New York liegt im Neandertal", E. W. Heine, ISBN3-257-21453-7, Diogenes, u.a. S. 289. 175

Danksagung

DANKE sage ich meinem Mann, du meine Erdung.
DANKE meinem Sohn, du mein bester Lehrer und Schüler.
DANKE für jedes Umräumen und Umbauen, das ihr mitgemacht habt.

Weiterhin danke ich meiner Mutter sowie meiner Schwester, eure Anregungen waren stets beflügelnd.
DANKE Mama, beste Mutter für mich.
DANKE Steffi, für deine Kreativität.

Und natürlich all meinen Freundinnen, die ihr mir immer zur Seite standet. Ihr, besonders Martina und Kirsten, habt mich getragen, unterstützt und inspiriert. DANKE!
Im besonderen Gedenken an Denise, du fehlst.

DANKE meinen Lehrern, Bernhard Leniger in der Innenarchitektur und Manfred de Vries bei Feng Shui, ihr habt mir neue Wege aufgezeigt.

DANKE an Dr. Uwe Westphal für die strukturellen Hilfen bei der Entstehung dieses Buches.

Und dem Leben an sich ...

DANKE

MIX
Papier aus verantwortungsvollen Quellen
Paper from responsible sources
FSC® C105338